はじめての ボンヘッファー

S.R.ヘインズ／L.B.ヘイル◎著
船本弘毅◎訳

教文館

Bonhoeffer for Armchair Theologians

Published by Westminster John Knox Press in 2005

目次

第6章 遺産 ……… 175

イラスト R・ヒル
装丁 吉林 優

第1章
生　涯

「初めに」

ボンヘッファーについて、今までに出版された詳細な伝記の多くは、彼の生涯の終わりから始められている。ボンヘッファーの生涯の意味は、反ナチス抵抗運動、投獄、処刑から振り返ることなしには、正しく理解され得ないということを示唆しているからだと思われる。しかし、私は本書では、ボンヘッファーの生涯を、その初めから終わりに至るまで、いわばその生きたさまを跡付けるかたちで叙述することを試みたい。ボンヘッファーの人生は、「世界大戦」「ファシズム」あるいは「民族大虐殺」といったような言葉が、まだヨーロッパの人々の口にのぼり始める以前の、どちらかと言えば、牧歌的な時代に始まっているのである。

家族の背景

ボンヘッファーの家族は、彼に誇るべき遺産を残していた。ルターやシュライアマハーの著作集、ボンヘッファー家の一六世紀の紋章つきの指輪などが含まれる具体的な遺産に加えて、ディートリヒの祖先たち、すなわちボンヘッファー家、フォン・ハーゼ、カルクロイトなどは、彼に鋭い知性、感銘深い音楽的才能、さらに彼自身の健全な身体とを遺伝したのであった。

曽祖父のカール・アウグスト・フォン・ハーゼは、教会史と教理史の教授であり、ヨハン・ウォルフガング・フォン・ベーテによって、イエナの大学に迎えられた。カール・アウグストの息子であるカール・アルフレート——ディートリヒの母方の祖父——は、プロシアのヴィルヘルム二世の宮廷付き牧師であった。彼の息子ハンス・フォン・ハーゼ——ディートリヒの伯父——は地方の牧師を務めた。父方の方では、ボンヘッファーの祖先には、立派な政治家たちや、フリーメイソンやスウェーデンボルグの社会主義者たちが含まれていた。ディートリヒの父方の祖母は、ユリエ・ターフェル・ボンヘッファーであるが、力に満ちた女性であり、その独立心と進歩的な思想は、ディートリヒに影響を与えた。彼は大学生活の最初の年を彼女の家で過ごした。

ディートリヒの父、カール・ボンヘッファーは、精神病理学者であり、彼はその職業人としての働きを、現在はポーランド領のブロックフとなっているブレスラウのシュレージエンで、一八九三年に始めた。二〇世紀に入る頃、この町の人口は四〇万人であったと言われている。三年後、カールはディートリヒの母となるパウラ・フォン・ハーゼと出会った。彼女の父はこの町の教会役員であり、ブレスラウの大学教授であった。二人は一八九八年に結婚して、家庭を築き、八人の子供に恵まれた。一九〇六年にディートリヒとザビーネの双子が生まれた。ボンヘッファー一家は広大な家に住み、六人の召使いを雇い、多くのペットを飼っていた。そして間もなくハルツ山地に夏に暮らす別荘も手に入れた。子供たちは最初の宗教教育を母から受けた。ボンヘッファー一家は必ずしも教会の礼拝に定期的には出席しなかったけれども、母はディートリヒをよく礼拝に連れていったようである。

幼少年時代と勉学

一九一二年に父のカール・ボンヘッファーが、名声高いシャリテ慈善病院の精神医学部長に任命されたため、一家はベルリンに移り住んだ。そしてディートリヒは大学教育に備えて、人文学系の中等教育を行うギムナジウムへ進学した。彼は人文学において頭角を現すと共に、ピアニストとしても才能を発揮し、一〇歳でモーツァルトのソナタを演奏するまでになっていた。一九一六年、一家はグルーネヴァルト区の上・中流階級の人々の住むヴァンケンハイム通りの一軒家に移った。

一九一七年、ディートリヒの二人の兄、カール・フリードリヒとヴァルターが軍隊に召集され、二週間たたないうちに、ヴァルターは前線への行進中に受けた榴散弾の傷がもとで死亡した。一二歳であったディートリヒは、兄が堅信礼を受けた時にもらった聖書を記念として与えられると共に、人間が戦争のために支払う代償を知った。一三歳から、ボンヘッファーはグルーネヴァルト・ギムナジウム（現在のヴァルター・ラーテナウ・ギムナジウム）に通い始めた。そこから彼は共産主義者たちと生まれたばかりのワイマール共和国の擁護者たちとの間に交わされた発砲の音を聞いたかもしれない。ディートリヒは目立つ存在ではなかったが優秀な生徒であった。成績表には、行動は「非常に良い」、宗教は「良い」、英語は「合格」、書き方は「不十分」と記録されていた。

「ふぅー」

何を勉強したいのか

成功者の家庭に生まれたということは、ディートリヒにとって祝福でもあり、呪いでもあった。彼が人生の海図を描き始める時にはすでに、兄カール・フリードリヒ（一八九九年生まれ）は、物理学者として世界的に有名になりつつあった。早すぎる死を迎える前に、ヴァルター（一八九九―一九一八年）は、すでに言語学者としての偉大な才能を見せていた。クラウス（一九〇一年生まれ）は、チェロ奏者として名を知られており、法学の領域において将来を嘱望されていた。その上さらに、父は精神医学と神経学の領域において国の指導的位置を占める教授であった。このような一家の中で頭角を現していくために、ボンヘッファーはその重圧といかに戦ったのであろうか。若き世代の人々にとって、自分の方針を決定することは、まるで海図のない航海に乗り出していくことであった。

牧師として、また、神学者として先祖たちの敬虔さと名声が早くから知られていたにもかかわらず、ディートリヒが一三歳の時に神学を学びたいと言い出したことは、家族にショックを与えたようである。エーバハルト・ベートゲによれば、彼の兄弟たちがディートリヒに、一番つまらない抵抗の道を歩もうとしているということを彼に知らしめようとして、お前が夢中になっている教会なんて何とプチブル的で退屈で、それに弱々しいものかと言ったとき、ボンヘッファーは自信たっぷりに、それなら「ぼくはそういう教会を改革するのだ」と言って取り合わなかったということであった。(1) 両親としては、息子が変化に乏しい平凡な牧師の生活に耐えなければならないし、そのために彼の持つ音楽の天賦の才が失なわれることを恐れたと伝えられている。しかし、ディートリヒの決意は固かった。まだギムナジウムの頃から、彼はヘブライ語を学び、自由主義プロテスタント神学の父フリードリヒ・シュライアマハーの著作に親しんでいた。それにもかかわらず、一時期ディートリヒは、「学問」(知識の一部門)としての神学研究と教会への奉仕という狭間で揺れ動いていたようである。

テュービンゲン、ローマ、ベルリン

ディートリヒの選んだ専攻分野は意外なものであったが、選んだ大学は妥当なものであった。一九二三年秋、政治不安とインフレの時代に、彼は家族の伝統に従って、テュービンゲン大学に入学した。テュービンゲン大学における二学期の間のディートリヒの研究は、聖書学・教会史・教理学などに加えて、論理学・認識論・音楽・政治学・宗教史などを含んでいた。そして父や叔父も入っていた「はりねずみ社交会」(Hedgehog fraternity) に属し、さらに一四日間の軍事教練にも参加した。ボンヘッファーは共和国を急進的な勢力から守るためには、二週間の軍事教練に携わって義務を果たすことが必要だと考えていたようである。そしてこれは、ボンヘッファーが兵士であった唯一の時でもあった。

一九二三年暮れの急激なインフレは、ボンヘッファー家にとって家から離れて住むことを重荷とさせたようである(八月に、彼は両親に食糧を買うため一〇〇〇万マルクの追加を依頼し、さらに数週間後には毎食に一〇兆マルクかかると書き送っている)。しかし彼はベルリンに帰る前に、一学期をローマで過ごすことを両親が認めてくれると信じて「費用はそんなにかからない」と安心させている。四月には兄のクラウスと共にアルプスを越え、後に「特別な研究のための四半期」と呼んだ時を過ごし始めた。そしてこの研究における主要な論点が、探究されるべき彼の課題となった

のであった。兄弟は揃って、ボローニャ、フローレンス、シエナ、ポンペイ、ミラノ、シシリー島などを旅した。さらに北アフリカのリビアにも渡ったが、そこでは「多彩な人種の群れ……軍人や移民やトルコ人やアラブ人」[2]の中にあって、ボンヘッファーはイスラム文化との出会いを経験した。

しかし、訪問した地において若きボンヘッファーがどこよりも魅了されたのは、カトリックの都、ローマであった。特に、古代に根を据えながらも、確実な普遍的な実体として教会に象徴されている様子に心を打たれたのである。一九二四年の棕梠の主日に、彼はサン・ピエトロ大聖堂におけるミサに出席し、その後も聖週間の間に何度かミサに出席した。二度目にローマを訪れた際には、ボンヘッファーは教皇のミサにも参列したほどであった。

一九二四年の六月にようやくベルリンに帰り、フリードリヒ・ヴィルヘルム（後のフンボルト）大学に正式に登録して、一九二七年七月まで、学生として学んだ。

ボンヘッファーのベルリンでの主任教授は、神学者ラインホルト・ゼーベルクであった。ゼーベルクのキリスト教教理史の著作は、ボンヘッファーを伝統的な神学者たち、特にルターについての知識を深めさせることになった。更にゼーベルクの人間存在における社会的次元の強調は、ボンヘッファーの思想に「社会性」への感受性を深めることに大きく関与した。ゼーベルクの下で、ボンヘッファーは若干一九歳にして博士論文に取りかかることになった。一九二五年の末のことであった。そして彼は一八か月で論文を書き上げた（もしあなたが大学院生であったことがあれば、おそらくこの文を読み直すことでしょう）。他の課題も考えた挙句、ボンヘッファーは、教会の本質との関わりでは副次的神学と言える教会論の領域で研究することを決めた。彼の博士論文『聖徒の交わり――教会社会学のための教義学的研究』において、ボンヘッファーは社会哲学とバルト的な啓示神学を取り入れて、人間性の関係的視点に基づいた「社会学的な神学」を導入した。その社会的な形式の中にある啓示としての「教会」は、「教会として存在するキリスト」と表現されている。ゼーベルクはそれを「真実な学問的学識の非常に優れたモデルである」[3]と評価している。

ゼーベルクは七つの講義を通してボンヘッファーを教え、博士論文の指導もしたにもかかわらず、両者は神学的精神においては必ずしも同じではなかった。ゼーベルクはプロテスタント自由主義を代表する学者であり、「聖書と現代精神、ルターと観念論、神学と哲学」[4]を調和させることに力を注いだ。ボンヘッファーは一九三〇年に書いた手紙の中で、ゼーベルクの説教の一つを「四五分の浅薄な宗教的おしゃべり(5)」だと評しながらも、彼がこの調和を推し進めることに対しては評価を示している。そして次第にボンヘッファーは、この伝統的な人間学的楽観主義は、ヨーロッパ社会が今直面している文化的・神学的危機に対しては、ほとんど役に立たないと確信するようになっていった。

自由への解放・その1

ゼーベルク、アドルフ・フォン・ハルナック、またルター学者のカール・ホルの指導の下で、ボンヘッファーは彼自身の思想を形成してくれることになる思想家と出会うことになった。その中には、アウグスティヌス、アクィナス、シュライアマハーといった神学者たち、カント、ヘーゲル、ニーチェ、ハイデッガー、ディルタイといった哲学者たちが含まれていた。しかし、ボンヘッファーが最も大きな知的影響を受けたのは、マルティン・ルターとカール・バルトであることに疑いの余地はない。

ルターから、ボンヘッファーは信仰によって義とされることを、徹底的に強調することを学んだ(その服従への関係を、ボンヘッファーは『キリストに従う』の中で展開している)。さらに十字架の神学(*theologia crucis*)についても同様に学んだ。このことは、神の現在は逆説的に弱さと苦難

の中に現されるという確信に実を結んでいる。ボンヘッファーの思想においてルターがその中枢を占めているということは、一九二〇年代のルター・ルネサンスの時代に成熟したドイツ・プロテスタントにボンヘッファーが同化したこと、また彼の時代の代表的ルター学者であったホルの下で学んだことを考えれば驚くべきことではないであろう。

それに対し、この若きベルリンの神学者の成長課程において、カール・バルト（一八八六―一九六八年）が果たした役割を予想することは難しかったであろう。バルトはスイスの牧師から神学者となり、プロテスタント自由主義の崩壊を宣言し、人間の宗教経験から出発するのでなく、まったく他者なる神の言葉から出発する啓示神学を唱えたのである。バルトは戦争によって荒廃したヨーロッパに自由主義的な楽観主義が生じることは、無意味であり、そのような神学を構築することを激しく攻撃したのであった。「人間について大声で語るだけでは、神について語ることはできない」[6]と賢明なまた鋭い観察を記している。彼はシュライアマハーについて語っているが、それは一九世紀末以来、大学やプロテスタント教会の指導やドイツ文化に対して支配的であった文化的プロテスタントの伝統を心に留めつつ語っているのである。

ベルリンにおける最初の学期を済ませた後、ボンヘッファーは、その当時神学者たちの間で学的評価を受けていたマックス・ヴェーバー、エルンスト・トレルチ、エドムント・フッサールらの著作を読むことに没頭した。そして同じ頃に、ボンヘッファーはベルリンの教授たちの示した読書リストには入っていなかったバルトと出会ったのである。一九二四年末に、ディートリヒは、バルトの『ローマ書』（第二版、一九二二年）と『神の言葉と人間の言葉』（一九二四年）、さらに一九二七年に『キリスト教教義学序論』として発行されることになるバルトの講義原稿を発見し手に入れた。バルト神学とのこの出会いは、ボンヘッファーによれば、「解放のよう」であった。とりわけ、彼が関心を持つに至る課題の種類を特定させることになったのであった。ディートリヒの学生時代に組織神学の領域での最初の論文は、一九二五年の夏に書かれているが、それは聖書解釈において、歴史的であることと霊的（精神的）であることを区別することができるかを論じたものであった。この問いはバルトの『ローマ書』に影響されてヨーロッパの神学者たちの間に突きつけられたものであった。この論文の中でボンヘッファーは、バルトが「聖書の知らない新しい世界」と呼んだ領

THAT HISTORICAL MAP WON'T HELP IN THIS NEW PLACE...

「この新しい場面では、
歴史的地図は用をなさない」

域、すなわち学問的聖書解釈が導く歴史的・批判的研究を越える方向を探し求めたのである。

バルトの「弁証法神学」（人間的なものと神的なものとの無限の隔たりは、私たちの神についての知識が本質的に逆説的であることを意味するゆえにそう呼ばれた）の衝撃は、ベルリンを離れてからなお一層ボンヘッファーにとって明白になった。一九二八年には、罪に満ちた自己義認としての「宗教」は、信仰とは相反するものであるとしたバルトを評価した文章を明らかにしている。バルトの『ローマ書』に影響されたと思われる文章の中で、ボンヘッファーは「宗教と道徳は、福音というキリスト教のメッセージの最も危険な敵である」[7]と記している。一九三〇年にはニューヨークのユニオン神学大学において、ボンヘッファーはバルトの「危機神学」（弁証法神学の別名）の弁護者として知られていた。一九三二年の初めに、ベルリンで二〇世紀の組織神学の歴史について講義したとき、ボンヘッファーは、神学の目的は啓示された神の言葉であり、神はもはや宗教と混同されてはならないというバルトの「転換」について、詳細に語っている[8]。

しかしまた、ボンヘッファーはバルトに対しては常に批判的でもあった。一九二七年と一九二九年に書いた論文では、「倫理の問題」に関して、とりわけバルトが述べる有限でない歴史的瞬間は無限になりうる（*capaxinfinit*）という確信は、具体的な倫理と宣言を除外することにならないかと論じている。なぜならボンヘッファーは、バルトを「経験的な人間行動――信仰であれ、服従であれ――はせいぜい神の行動への関与にすぎず、その史実性において、信仰や服従そのものとはなり得ない[9]」と理解していたからである。しかし、そのような疑問を抱きつつも、ボンヘッファーはバルトに出会うことによって、ベルリンの教授たちの考え方から偉大な解放を与えられ、同時に、学問的研究に新しく発見した喜びを表現していたことは、疑いの余地のないことであった。

バルトとボンヘッファーの個人的な関係は、一九三一年七月にボンヘッファーがアメリカから帰国した後に始まった。ボンヘッファーはボンに出かけ、バルトの午前七時に始まる講義に未登録のままで出席した（そのクラスで、後に『教会教義学』の第一巻第一部を構成することになったものの一部を聞いた）。そしてボンヘッファーは、的確なルターの引用をしたことによってバルトの注目を引き、彼の自宅での夕食と話し合いの席に招かれるようになった。バルトは若き二五歳の神学者に感銘を受け、それ以後、二人は会って討論することを常とするようになった。

「私を選べ！」

バルトはボンヘッファーの最も重要な神学的助言者になったと言ってよいであろう。しかし、両者の関係は緊張や誤解から免かれることはなかったようである。このことは、一九三三年にボンヘッファーが先輩たちに相談することなく、ドイツ教会闘争の最中にドイツを離れてロンドンに向かったときに、特に顕著に現れた。バルトは叱責の手紙を書き、「出発する前に、私の忠告を求めようとしなかったことは賢明でした。あなたに私が忠告したであろうことは、無条件に間違いなく、最も重い大砲をかつぐようにということだったでしょう」。さらに、（その必要

はないかもしれないけれども、）「ここに、私の前に、あなたがいないことを幸いとします」という言葉を付け加えさえしている。バルトはボンヘッファーがドイツ・キリスト者に転向したのではないことを確信しつつも、やはり厳しい叱責をせざるを得ないと言ったのである。(10)

ボンヘッファーは、しばしばバルトに追従する人たちについて言及しているが、自由主義と弁証法神学との間に生じたすき間を自ら作っているということに対しては厳しい見方をしている。自由主義と今立ち上がった危機神学との間の争いの原因となる関係については、バルトとアドルフ・フォン・ハルナックとの間に一九二三年に交わされた往復書簡の中に明らかに示されている。この両者は、若き神学者ボンヘッファーにかなり影響を与えていたので、バルトとハルナックの間に交わされた激しい文通は、ボンヘッファー自身の神学の展開に緊張感を与えていることは間違いない。こうした緊張は、バルトの神学についてクラスの討論に反映していた。そこでは、ボンヘッファーはハルナックの「慇懃ではあるが、客観的神学地盤」に反対し、ハルナックのボンヘッファーに対する「アカデミックな神学を蔑視して非学問的神学」(11)を装おうとしているという警告に対して反発したのであった。

聖書朗読台か説教壇か

バルトの啓示神学は、ボンヘッファーの思想内容についてと同様に、彼の神学への取り組みの姿

「良いよ。神が良いのだ」

「良いの……」

GOOD... GOD IS GOOD!
GOO-GOOO...

勢にも深く影響を与えた。エーバハルト・ベートゲによれば、「人間によって繰り返し語られる言葉の中で、神の言葉の地上的かつ具体的な証明がなされる説教の独自な使命を明確にすることが、この新しい神学の出発点であることを自覚したことが、ボンヘッファーをいわゆる思考のゲームから引き離したと言える(12)」のである。ボンヘッファーが興味をもった人間に関することは、特に教会の幼児教育で用いられているものであった。この頃、彼は最も難解な神学的表現・言葉・宣言は、子供たちにも理解できるものでなければ役に立たないと書き記している。このようにして、一九二六年後半に、博士論文に取りかかり始めながら、ボンヘッファーはグルーネヴァルトの教会において、子供たちの礼拝で定期的に奉仕することを始めた。このような体験に基づいて、彼はもう少し年上の若者たちと、夕べに定期的に読書をしたり議論をする「木曜日の集い」を、自分の家で開くことにした。

一九二七年一二月に、彼の博士論文がベルリン大学の教授会によって受理された一か月後に、ボンヘッファーは牧師になるために要求される第一次の神学試験を受けた。試験の結果は、合格はしたもののあまり高い評価は受けなかった。また説教は「尊大であり、誇張に満ち、ぎこちない」と酷評されたが、彼の牧師への関心を挫けさせられることは決してなかった。牧師の経験を積むために、教区牧師（すなわち牧師補）としての職を求めたボンヘッファーに対し、グルーネヴァルト教区との結びつき、また大学の神学部との関係を断ち切らないように人々は忠告したが、一九二八年二月に彼は、スペインのバルセロナに向かい、三〇〇人のドイツ人の商業に携わる人や家族の集う在外ドイツ人教会で、牧師補として働き始めた。彼はパリを経由してスペインに向かい、現地から、ベルリンの労働者階級のいるタウエンツィン通りについては、「教会の働きにとって、きわめて実り多き場である」[13]と預言者のように書き送っている。ボンヘッファーは、ドイツの主都とバルセロナのわびしさの中にさえ、社会的対比を見出そうとしたのである。

スペインでの一年は、ボンヘッファーに旅行する自由な時を与えたので、彼は再び北アフリカを旅行した。この二二歳のドイツ人青年が喜んで記憶にとどめているスペインの体験の中には、闘牛を見物したこと、ピカソのものと信じて画を購入したことなどがある。しかし、牧会的訓練の場という点では、バルセロナには限界があり、それほど役には立たなかったようである。というのは、この地の牧師たちは定められた教区の責任を果たすことだけにしか関心を示さなかったからである。しかしボンヘッファーは、今まで取り組んできた青年のための活動に加えて、子供たちの日曜学校を創設して盛んにし（平均出席者は四〇名）、聖誕劇を上演して大成功を収めたりした。さらに地域の高校で宗教教育を行うことにも意欲を燃やしたが、そのための討議のグループを育てるために、自宅を開放せざるを得なかった。ボンヘッファーのスーパーバイザーであったフリッツ・オルブリヒトは、「彼の感受性の鋭い魅力的な性格は、この地の青年たちをして、熱狂的に彼に従わせた」(14)と称賛している。

オルブリヒトが牧師補であるボンヘッファーを、あらゆる点で有能であると評価したにもかかわらず、スペインでの一年の間に、一度ならず、スーパーバイザーである牧師と「神学的であることは、そのままにして宗教的な問題である」(15)ということを議論しなければならなかったとボンヘッファーは報告している。しかし、オルブリヒトは一年の間に一九回の説教を準備し行うことをボンヘッファーに課した。ボンヘッファーは、この強いられた務めが、自分にとって「貴重な三〇分」であったと大いに感謝している。そして、バルセロナの説教において、ボンヘッファーは、「子供たちに外国の童話」(16)を語るように、福音を説教することができたという確信を抱いたのであった。

外国滞在中に、ボンヘッファーは自分の博士論文を出版するために書き直したり、また「預言者の悲哀とその永続的意義」と「イエス・キリストとキリスト教の本質」といった連続講演を執筆することによって神学的力を鍛えたのであった。この夜の連続講演はやがて、たとえば「キリストは新しい宗教をもたらしたのではなく、神をもたらした」(17)といった成熟した神学へと結実した。しかも、そこには除去されねばならない特殊な雑草をも含んでもいた。たとえば、「キリスト教倫理の

「外国のおとぎ話は、たとえ話のようだ」

根源的な問題」（一九二九年二月）という講義において、ボンヘッファーはVolk（この言葉はドイツにおいては、民族（people）と人種（race）を意味した）であるということの聖なる義務であるという視点に立って、戦争を擁護している。しかし、その後、再び彼が戦争の擁護派に回ったり、その道徳的正当性を主張することはなかった。事実、一九三〇年代の著述や講演においては、それが戦争の合間というドイツの状況においては支持を得られない考えであったにもかかわらず、ボンヘッファーが平和の優位性を強調し続けたことは明らかであった。当時のドイツにおいては、平和主義、国際主義、あるいはエキュメニズムさえ、疑いと軽蔑の目で見られていた。しかし、ボンヘッファーが当初からナチズムに反対の立場を取っていたにもかかわら

「変化を語る」

国家社会主義者

ず、第一次世界大戦以後ドイツに一般的だった民族的（völkisch）思考（一九世紀のロマンティックな国家主義から発生し、人種的結合を強調した）に対して、免疫を持っていなかったということに注意をする必要がある。

バルセロナにおける年月は、彼に教会のために学問的生活を捨てさせたり、あるいは、講義のために説教をおろそかにするというようなことはなかった。ボンヘッファーは、博士論文後の務めに従事するためにベルリンに帰ることを決めたが、学者として生きるのか、牧師として生きるのかということは、まだ決めかねていた。

再びベルリンへ、そしてニューヨークへ

一九二九年二月に、ボンヘッファーがベルリ

ンに戻ってからの数か月、ワイマール共和国は、経済的困難と、国家社会主義者たち（ドイツ労働者党）が選挙に勝利したことによって、揺れ動いていた。勢力を持ち始めたドイツ・ナショナリズムへの抵抗の姿勢は、ボンヘッファーにおいては、広くその名を知られていた平和主義者ギュンター・デーンの教会に時折出席するという形で示されたが、政治に直接的に関わるということはなかった。むしろ、彼は博士論文後の大学教授資格（Habilitationsschrift）獲得のための論文を仕上げることに没頭していた。これは、彼の学者としての生涯のために要求されるものであり、ベルリン大学の組織神学研究室の無給の助手の務めと、グルーネヴァルトの教会の責任を果たしながら、ボンヘッファーは研究に打ち込んだのであった。

第二論文『行為と存在――組織神学における超越的哲学と存在論』と題されたものは、神学的人間学の研究であった。『聖徒の交わり』において、ボンヘッファーは近代また現代の思想家たちを神学者との対話に導こうとした。そこでヘーゲルとハイデッガーと同じように、バルトとブルトマン（一八八四―一九七六年）とが対峙させられた。多くの読者はボンヘッファーの成熟した神学を理解するために重要なこれらの書物が、『服従』や『倫理』よりはるかに親しみやすいと感じたであろう。一九三〇年七月、彼は「現代の哲学と神学における人間の問題」と題して就任講演を行った。これは、彼の博士論文を発展させた神学的人間学を探究したものであった。

しかし、また一方で、ボンヘッファーは教会の使命についての考察を放棄することはできなかった。就任講演を行った同じ月に、彼は按手礼を受けるために必要な二回目の教会の試験を受け、そ

「ニューヨーク
ニューヨークへ」

のために要求された説教と信仰問答を完成させた。後者は、ボンヘッファーの若者たちに通じる才能を再び明らかにしていると言えよう。彼の信仰問答を評価した人の一人は、「子供たちの関心を引きつけ、彼らに自ら参加しようとする気持ちを起こさせる[18]」能力を持っていると評した。ボンヘッファーの若者への牧師としての可能性に感銘を受けた教区長のマックス・ディーステルは、彼をシャルロッテンブルク工科大学のチャプレンに推すと約束した。しかし、ボンヘッファーはまだ按手を受ける年齢に達していなかったので、ディーステルは「まだ若いうち」にアメリカに行くことを勧めた。しかしこの勧めは、再びボンヘッファーを海外

へ送り出すまでの力にはならなかったようである。責任を果たすこの若者の多様な才能を考慮して、ディーステルは推薦状に「今の時点ですでに学問的な訓練は充分になされている。それのみでなく実践的能力（説教・信仰問答など）もまた過小評価されてはならない[19]」と記した。

ウォール街の大崩壊が始まった頃、ボンヘッファーはマンハッタンの北部に位置するユニオン神学大学でスローン奨学会による給費研究員として、一年を過ごすことになった。一九三〇年頃のユニオン神学大学はアメリカの神学校の中で中心的存在であり、いわば旗艦の位置を占めていた。その教授陣には、ラインホールド・ニーバー、ジョン・ベイリー、ハリー・エマソン・フォスディックといった著名な学者を擁して、その力を誇っていた。しかもそのカリキュラムは、ボンヘッファーを満足させるのに十分なものであった。慣れ親しんできた教義学や聖書釈義の課目の代わりに、ディートリヒは、「教会と社会——教会と社会的かつ性格形成機関との協力」、「社会秩序における倫理的諸問題」、あるいは「個人と関わる牧師の務め」といった興味ある課目をそこに見出した。

しかしディーステルへの中間報告では、「ここには神学がない。自立的な土台がほとんどないまま彼らは奇妙なおしゃべりをしている」と不平を述べている。彼はまた神学生たちは教義学に対して「まったく手がかりを持たず」、「自由主義的な、あるいは人間的な言辞に酔わされている」、そして一方教会では、説教が「新聞に出てくる出来事についての教会の説明的な発言になってしまっている[20]」とも書いている。このような判断にもかかわらず、あるいはたぶんそれゆえに、ディートリヒはますます牧師の仕事に引かれていったとも報告している。彼はあまり説教する機会はなかったけれども、教会の仕事に深く関わるようになっていった。

もしボンヘッファーがアメリカ人から学ぶということに正反対の感情を同時に持っていたのであれば、ドイツの事情や次の戦争への見込みなどについて講演することをもっと要請されたかもしれない。ボンヘッファーは、世界大戦がドイツにもたらした苦しみや、ヴェルサイユ条約がドイツの戦争責任を主張したことの結果を無視することには拒否反応を示しつつも、母国に芽生えつつある平和への熱望を強調した。彼はまた、アメリカでまだ受容されていなかった弁証法神学を伝える大使の役目も担った。ボンヘッファーはジョン・ベイリーの組織神学のゼミにおいて、バルトについて講義したが、ベイリーは後にボンヘッファーのことを、「バルト博士の最も確信的な弟子でした。そしてそのことはユニオン神学大学の中ではその頃すでによく知られるようになっていました。そして同時に、彼は私の担った自由主義神学の最も強固な反対者でもありました[21]」と語っている。

つまるところ、ボンヘッファーはニューヨークにおいては、教えたことよりも、学んだことのほうが、はるかに大きかったと言えるであろう。それは彼がハーレムの活動に携わり、六か月にわたって定期的にそこを訪れたということが大きな要因になった。彼の黒人センターにおける愛の働きは、学友であったアルバート・フランク・フィッシャーが、彼をアビシニアン・バプテスト教会に誘ってくれたことが始まりとなった。情熱的な礼拝のスタイルと伝説的説教家であるアダム・クレイトン・パウエルの力に満ちた説教に心を捕らえられて、ディートリヒは教会の諸活動に積極的に携わるようになった。日曜学校で教え、黒人の婦人たちのための聖書研究を指導し、週日の教会学

白人と
自由主義者のみ

「あなたは学習中」

校も手伝い、教区の人々の老人ホームを訪問したりした。ボンヘッファーとハーレムとの関係は、ラインホールド・ニーバーの「現代文学における倫理視点」というコースへの関心を深め、黒人文学や黒人霊歌のレコードを聞くことによって強められた。

このようにして、ボンヘッファーはわずか一年足らずの滞在の間に、普通のアメリカ人が生涯かかってする以上に、「ニグロ」の文化を経験した。フィッシャーと共にいるために、ニューヨークのレストランでは他の者と同じようなサービスを受けられないという差別的侮辱を受けたりしたが、またその代わりにワシントンDCにある黒人の総合大学であるハワード大学を訪問する機会に恵まれたりもした。クリスマスの休暇を利用して、汽車で南部を旅したときに、彼は人種差別の現状をじかに体験したのだった。アメリカの人種差別は、国家の理想に矛盾しており、「南部の人々が黒人について語る仕方は、単純に不快なのである」[22]と述べている。

フランク・フィッシャーに加えて、三人のニューヨークの友人たち――ポール・レーマン、エルヴィン・ズッツ、ジャン・

ラセール――は、生涯にわたってボンヘッファーに影響を与え続けたと言ってよいであろう。スイス人であるズッツとはキューバにクリスマス旅行をしたこともあった。一九三一年の夏に、ズッツはディートリヒをカール・バルトに引き合せた。フランス人で平和主義者であったラセールとは、メキシコへの旅行を共にしているが、彼は山上の説教はイエスの平和の戒めを避けることのできないようにするのではないかという見通しを訴えている。ユニオン神学大学の組織神学の助手であったレーマンは、他のアメリカ人以上にボンヘッファーをよく理解し、その妻マリオンと共に、この外国人留学生のために温かい家庭の交わりを提供した。

ボンヘッファーはアメリカ滞在の機会を、アメリカの文化を探ることと、「社会的福音」に精通することに費やそうと考えた。レーマンが言うように、「彼の今までの経験から関係のなかったことを明らかにするためには、長期間を要することでもあった。もし最初に、アメリカの神学生たちの関心を占めている政治的な問題は、「キリスト者の生活とは直接関係ない[23]」ということに気付いていたならば、この姿勢は故国における出来事によってすぐに問題にされたであろう。

自由への解放・その2

ベートゲは、ニューヨークから祖国に戻ってきたボンヘッファーについて、「この年月の間に、彼の個人生活には何事かが起きた。それが何であったかは表現しにくいが、その影響は明確である。

「平和を作り出す人がもっと必要なことを、
神はよく知っておられる」

彼自身は、回心とは呼んでいないが、彼の中にある変化が起きたことは間違いない(24)」と記している。ボンヘッファー自身は、後にこの変化を、「言葉の上でのことではなく、事実として起きた」と述べている。彼を知る者にとっては、その変化は見える形で起きた。今までより以上に定期的に教会に出席し、聖書に基づいて黙想や祈りや信仰告白を行うようになった。また山上の説教の平和主義的解釈を行うことなどによって、それは明示された。この精神的な成長についてディートリヒが記した手紙がただ一通残されている。一九三六年に彼は次のように記している。

私は非キリスト教的な仕方で研究に飛び込みました。多くの人がそう見ているように、私には野心があり、それが私の人生を困難にしました。

そして何事かが私の内に起きたのです。それは、私の人生を変え、別人のように、今日の私へと変えてしまったのです。初めて私は聖書を発見しました。……私はすでにたびたび説教をし、また多くの教会を見てきました。そのことについての説教もしてきました。しかし、私はまだキリスト者になっていなかったのです。

その頃、私はイエス・キリストの教理を自分に都合の良いように変えていました。……このようなことが二度と自分に起こらないよう、神に祈り求めています。私はほとんど、あるいは、まれにしか本当に祈っていませんでした。私は孤独であっても、自分自身としては楽しかったのです。しかし、今や、聖書が、特に山上の説教が私をそのような自分から解放して自由にしてくれたのです。それ以来、あらゆることが変わりました。私自身明らかにそのことを感じましたし、私の周りの人たちも同様でした。それはまさに偉大な解放でした(25)。

この「偉大な解放」の時期とその正確な内容とは、あいまいなままである。ベートゲは一九三一年から一九三二年に跡付けている。そしてそれを、ボンヘッファーが、神学者が同時にキリスト者であり得るのかというジレンマに悩んでいた時と結びつけようとしている。クリフォード・グリーンは、この変化を一九三二年の夏に位置づけている。そしてそれは、他者を制圧しようとする自我との戦いの結果であったと確信している。それは一九二七年以来のボンヘッファーの野望との戦いの結果であり、それは彼の博士論文の中で分析されている、[26]とも述べている。私たちにとって確かなことは、この「偉大な解放」は、ボンヘッファーの思想と行動に長く刻印され続けているということであり、また彼の前に横たわる挑戦への備えになったということである。

再び、ベルリンへ

一九三一年にボンヘッファーがベルリンに戻ったことは、彼の生涯の第二期がスタートしたことを意味すると、ベートゲは見なしている。「学びと放浪の時」に終止符を打って、[27]ボンヘッファーは今や、三つの分野で精力的に働き始めた。すなわち、学問の分野――大学において講義し、ゼミを行った。牧師の分野――学生のためのチャプレンとして働いた。エキュメニカルな分野――二五歳にして初めて世界教会での新しい働きを始めた。

ボンヘッファーは、多数の学生を集めていた組織神学の領域で講義を始めた。学生たちの多くは国家的社会主義に関心を寄せる真面目な人たちであった。そして学生たちはこの若き私講師から「真に本質的なことは、教授の尊大ぶったふるまいだとか観念とは、まったく無関係である」[28]ということを、夕べの町中での討論や週末に彼の山小屋に逃げ込んでの集いなどを通して学び取った。ボンヘッファーはその講義において、現代に関連を持つ神学的論点、たとえば、ドイツ・キリスト者がナチズムと神の意志を結合しようとしていた「創造の秩序」の神学といったことを論じた。べ

「これは決して私の意志ではない」

ルリンでの仕事は四学期の間にすぎなかったが、そのうち二つの講義のシリーズが書物になって刊行された。『創造と堕落――創世記一―三章の神学的釈義』は、その時に出版され、学生たちを引きつけた。一九三三年に行われたキリスト論についての講義は、学生たちのノートに基づいて、ボンヘッファーの死後『キリスト論』として出版された。

学者としての歩みを始めると同時に、ボンヘッファーは教会の牧師として按手を受けた。それは実習の時を過ごすことを意味したので、彼はシャルロッテンブルク工科大学（後のベルリン工科大学）でチャプレンとカウンセラーとして働くことになった。この新しい仕事に教区長は高い期待を寄せたが、工科大学におけるボンヘッファーの牧師としての働きは、必ずしも良き実りを結ぶには至らなかった。徒労に終わった二年間の働きは、学生の間では「地味な評価」しか得られず、後継者も任命されずに終わった。

しかし、ボンヘッファーは、市の中で「最も荒れている地域[29]」と呼んでいた東ベルリンのシオン教会での堅信礼志願者たちのクラスでは、かなりの成功を収めた。彼は粗野な少年たちのクラスを受け継ぎ、ハーレムの話をしたり、近くに借りたアパートに彼らを招待したり、郊外にある週末を過ごすための山小屋への旅に連れていったりして、少年たちの心を捕らえた。ボンヘッファーのこの少年たちへの愛情と彼らの求めに対する感受性の深さによって、一九三二年の夏には、「ユースクラブ」が結成されるに至り、その働きは翌年の始めにヒトラーが台頭するまで、盛んに行われた。その間に、ボンヘッファーは、ベルリン東部の労働者の住む地域に、専任の牧師職を得ようとしたのであるが、教会の人たちが、彼の説教は「あまりにも堅い」と評価したため、彼は任命されなかった。

世界教会運動

近年、ボンヘッファーの生涯における一つの側面として注目が集まっているのは、その頃ヨーロッパで芽を出し始めた世界教会運動（エキュメニカル・ムーブメント）に彼が関与したということである。一九三一年に、（世界教会会議の前身となった）教会を通しての国際的友好関係を推進するための世界連盟の年次総会にドイツの青年の代表団の一員として参加する以前には、彼は世界教会運動に対しては、ほとんど興味を示してはいなかった。英国のケンブリッジで開かれた会議において、彼は連盟の名誉ある国際青年部の書記に指名され、組織の内部に関わることになった。

一九三一年には、ベルリン教会の指導者たちの多くが、国際的な教会活動の重要な役割を果たす

「国際的平和」

ようになった。しかし、ドイツの世界教会運動の船は、民族的（völkisch）ナショナリズムの風によって次第に攻撃を受けるようになり、そして結果的には、反ドイツ的であるという感情が広く認知されるに至って、沈没させられてしまった。ドイツ国内に反国際的な空気が増大したあとの時代に、ボンヘッファーはエキュメニカル運動に従事することになった。彼は、国家や民族（*volk*）を神の意志の直接的な反映であると見る神学に対して大胆に反対を表明し、国際的な平和への関心を向けようとした。フランツ・ヒルデブラントとの共同作業で作成した信仰問答の試作では、ボンヘッファーたちは、「教会は戦争のいかなる神聖さをも認めない」と宣言した。「キリストと平和」と題した講義では、ボンヘッファーは「いかなる形でも戦争に協力すること、また戦争に対していかなる準備をすること」も、キリスト者には禁じられている、と意見を述べている。この問題に関するボンヘッファーの考えは、一九二九年[30]に「国民への愛は、殺人を神聖化し、戦争をも神聖化する」

と書いていたことから見れば、劇的に変化したことは明らかである。

ボンヘッファーは世界教会運動においては、なんとなく煙たがられる存在であったようである。彼は絶えず、世界教会運動の存在の神学的根拠を明らかにすることを求め続けた。また世界連盟は「教会」なのか、それとも単に良い意味でのキリスト者の組織にすぎないのか、ということを執拗に問い続けた。もし教会であるのなら、世界に対していかなる具体的な戒めを持っているのかを問うたのである。ボンヘッファー自身の答えは明らかであり、「私たちは教会の活動を推進するための組織ではなく、私たち自身が教会自体の明確な形である」[31]と考えた。世界連盟や他のグループからの国際友好の招きは、もちろん歓迎した。しかし、ボンヘッファーはこれらの宣言がエキュメニカルな共同体を、その働きの基盤から形成されるべき神学的また告白的責任から目を逸らしてしまうことになると信じていた。彼はエキュメニカルな領域で影響力を持っていたので、ボンヘッファーのこれらの責任を強調する主張は、聞き届けられた。

ドイツにおけるナチス革命の後、ボンヘッファーの世界教会における働きは、新しい局面を迎えることになった。――すなわち、ナチズムの本質を国外で出版して、ドイツの教会内で異端と戦うことへの国際社会の支持を得るということであった。一九三三年九月、ブルガリアのソフィアで開かれた世界連盟の会合に出席し、そこで彼は、祖国における反ユダヤ人運動について、世界連盟の指導者たちに情報を伝えた。その結果は、「ドイツにいるユダヤ人に対する国家の政策」を批難し、「非アーリア人」を教会が排除することは、「イエス・キリストの福音の明確な教えと精神を否定することになる」[32]と抗議する決議となった。このようにして、ボンヘッファーはドイツ教会闘争を国際的なキリスト者の関心事にすることができたのであった。

教会闘争

一九三二年に、弟のディートリヒに宛てた手紙の中で、クラウス・ボンヘッファーは、ドイツ人は「ファシズムとたわむれている」と嘆いている。そして一八か月の間に、このたわむれは運命的な受容へと変わった。ナチス革命が展開する中で、ボンヘッファーにとっては「学問的議論は実践に道を譲らなければならないこと」[33]は自明のことであった。そのことは、ヒトラーがドイツ共和国の首相に任命された二日後、すなわち、一九三三年二月一日にボンヘッファーにとって現実となった。「若い世代における指導者理念の変遷」と題するラジオの講演において、ボンヘッファーは、指導者が被指導者の意志を無視するならば、「指導者（Führer）像は次第に偽りの指導者（Verführer）像になるであろう」[34]と警告した。しかし、彼がこの究極の発言をする前に、奇妙にも放送は中断されてしまった。この講演は、ボンヘッファーがナチスの脅威をいかに見ていたかのまぎれもない明白な証拠であった。

その月の後半に起きた、疑惑に満ちた国会議事堂（Reichstag）放火事件の余波の中、ヒトラーは次々と指令や緊急法令を出すことによって、自分の権力を強固なものにしてしまった。その中には

「職業官吏階級の再建のための法律」と呼ばれるものがあり、非アーリア条項（後には三人か四人のユダヤ人祖父母を持つ者を含むと定義された）を要求する規定を含んでおり、そのような人たちは公務員の職を略式で解雇することができるようになっていた。ドイツ福音主義教会と国家社会主義の提携を要望する一つのしるしとして、ドイツ・キリスト者信仰運動の会員たちは、この「アーリア条項」を教会の領域にも当てはめる運動を起こして、ユダヤ人の血を引く教職者たちを教会から閉め出そうとした。

四月の中旬に「ユダヤ人問題に対する教会」と題した論文で、ボンヘッファーは「アーリア条項」と教会の論点について述べている。教会と国家の関係に関するルター派の理解を新しい政治的局面に援用しながら、ボンヘッファーは、国家は神なき世界において神の秩序を保持しなければならないのだから、教会は「歴史が行動を形成する」と国家に言う権利はないと述べている。しかし、彼は次のように付け加えている。教会は国家に対して、その行動が神の召しに一致しているかどうかを問うことができる。すなわち、法と秩序を導くことができるかを問うことはできると言うのである。「法と秩序が過大である時も、法と秩序が過少である時にも、教会は発言せざるを得ない」。そしてボンヘッファーは、国家が神の召しに応えることに失敗したとき、教会は国家に対して三つの方法で行動することができると結論づけている。

第一に、教会は国家に対して、その行為が国家の合法的行為として判断されるものであるかどうかを問わなければならない。すなわち、教会は国家に、国家としての責任に目覚めさせる問いを発しなければならない。第二に、教会は国家の行為による犠牲者への奉仕をしなければならない。教会は、たとえその人が教会の言葉に耳を傾けない人であっても、あらゆる社会秩序の犠牲者に対して無条件に義務を負っている。……第三に、教会は国家の行為による車輪の下の犠牲者に対して義務を負うのみでなく、その車そのものを阻止する（字義通りに表現すれば、車の車輪の下に身を投じる）べきである。(35)

ボンヘッファーの「ユダヤ人問題に対する教会」という論文が、当時の他の「ユダヤ人問題」についての論文と明らかに異なっていたことは、彼が教会の抵抗運動の条件を異常なまでに極めて明確に書き加えることによって、ドイツのユダヤ人が教会のメンバーになるか否かといった運命それ

THIS IS TOO MUCH LAW AND ORDER...
「この法律と命令は重すぎる」

自体に対する関心を言い表したところにあった。

ドイツ・キリスト者たちが、教会をナチスの価値と同じ線に置こうとする試みに反対して、ボンヘッファーは「教会闘争」に活発に加わって反対行動をとる人たち——青年改革派運動、牧師緊急同盟、さらに告白教会と連帯した。しかしながら、ボンヘッファーは究極的には、これらの団体はいずれも、アーリア条項の適用が無関心の問題ではなく、信仰告白に位置づけられる（すなわち異端の問題である）ものであるということに対して充分な見識を持っていなかった。あるいは、ナチス化することが、伝道に恩恵を与えるかもしれないという幻想を抱いていたのだと結論づけている。一九三三年八月に、ボンヘッファーは、「問題はまさにゲルマン主義なのか、キリスト教なのかということである」(36)と、独特な明確さを持って書き残している。

六月のベルリンでの会議では、二〇〇〇人の聴衆の前で、彼はドイツ・キリスト者運動の代表者たちと討議をした。その際、ボンヘッファーの議論は、パウロが信仰の「強い者」と「弱い者」と呼んだローマの信徒への手紙一四章に集中して行われた。教会闘争におけるボンヘッファーの同志たちの中には、そこにはあのマルティン・ニーメラーも含まれていたが、パウロの類型論を援用して、ユダヤ人を受け入れることのできない「弱い」教会員をも重んじて、非アーリア人の牧師や職員たちは自発的に教会から去っていくべきだと主張する者がいた。しかしながらボンヘッファーは、法律（すなわちアーリア条項）に傾く弱き者たちを、強き者は担わなければならないと主張した。教会は弱き者が勝利することは、キリストの体に異端を感染させ、分裂をもたらすことになることを自覚しなければならないと主張した。

七月の教会選挙に向けて、青年改革派運動が不法にも秘密国家警察の本部によって没収されたことに対してボンヘッファーは抗議した。彼の苦情は政治的強制収容所へ送られることと結びついたが、ボンヘッファーはそれを阻止することはできなかった。九月に彼はヴィッテンベルクにいて「全国総会へ」という声明書を掲げたが、代議員たちは人種的一致を実施するには教会はかなりの努力を要することを考えていた。八月にボンヘッファーはベーテルに遣わされ、信仰告白起草の実行委員に加わった。これは、教会の反対理由を神学的確信に基づいて詳述するためであった。

ベーテル信仰告白は、神はユダヤ人を選び、引き続き「国によるイスラエルの民の信仰を保つことによって彼らの信仰深さ」が示されているとして、ユダヤ人と異邦人との間の隔てはイエス・キ

「彼らは私の投票権を持っている、
あなたではない」

リストの十字架と復活によって取り除かれたと主張した。そしてユダヤ人への伝道を承認し、ユダヤ人キリスト教会内における人種差別に反対した。そしてベーテル信仰告白は、「異邦世界の出身であるキリスト者は、神の言葉とサクラメントによって基礎づけられた教会において、ユダヤ人キリスト者との主にある兄弟関係を、自由意志によってか、強制的にか、ただ一つの関係において、放棄してしまうのではなく、むしろ自分自身を迫害の矢面に立たせるべきである」(37)とさえ主張した。しかしながら、ボンヘッファーは起草段階では働いたが、草案ではユダヤ人との連帯のメッセージがあまりにも弱められてしまったために、最終草案に署名することを拒否した。

ロンドン

一九三三年の秋に、ボンヘッファーはバルトに宛てて、「私は常に牧師でありたいと思っていました」と書き送っている。しかし、ドイツ福音主義教会の牧師としての夢を実現するためには、彼は再び海外へ赴かなければならなかった。なぜなら、彼は牧会者としての召しは、人種的特権を容認する教会に仕えることではないと、決断したからである。そこでボンヘッファーは働きの場が可能になったとき、親しい友人であり、非アーリア人の牧師フランツ・ヒルデブラントとの連帯を解消することを強要された。後にヒルデブラントは、「締め出された牧師との連帯を持続するためにこれほど努力した人を、私は彼のほかには思いつかない(38)」と記している。

古プロイセン合同教会（多くの出席者が褐色のSAの制服を着て出席したため「褐色の総会」と呼ばれた）の福音主義教会総会が、九月にアーリア条項を正式に採択したとき、ボンヘッファーは、ドイツ福音主義教会に留まることができるか否かを真剣に問わざるを得なかった。この思いと、ドイツ・キリスト者の異端と自分の仲間たちが安易に妥協することへの欲求不満とが、彼をロンドンの教会からの招聘を受けることへ導いたと考えられる。英国に到着してからバルトに宛てた手紙の中に、ボンヘッファーは次のように記している。「私はすべての友に対して積極的に反対の立場に立ってしまうということを感じています。……何かある事柄について判断するとき、私はまったく孤立してしまうのです。……今は荒野に出ていって、しばらくの時を過ごすべきだと思っています(39)」とその手紙を締め括っている。

対立する教会においてボンヘッファーに与えられた重要な役割は、英国での任務に同意する前に、教会渉外局のテオドール・ヘッケルへの忠誠さの承認を得ることであった。しかし、ボンヘッファーはドイツ・キリスト者に支配されている教会の海外の代表になろうとは思ってもいなかった。事実、「アーリア条項」を採択したことは、プロイセンの福音主義教会は、キリストの教会から分離したのだとボンヘッファーは確信し、彼は常にキリストの教会に忠誠を誓ったのである。ヘッケルの判断に反して、ボンヘッファーはロンドンのフォレストヒルとサイデンにあったドイツ人教会の牧師になった。ここで彼は説教をし、教会員の魂への配慮（子供や青年のためのプログラムを推進すること）に加えて、その多くはユダヤ人であったドイツからの数え切れない訪問者を助けるために奔走した。

この時期の彼の最大の任務は、イギリスにいるドイツ人牧師たちの事実上の指導者になることであった。そのグループはやがて牧師緊急同盟に参加することをボンヘッファーは確信していた。この緊急同盟とは、九月にボンヘッファーやニーメラーが書いた抗議文に端を発したユダヤ人キリスト者の牧師を支持する組織であった。ボンヘッファーの指導の下で、牧師たちは帝国教会監督（Reichsbischof）であるルートヴィヒ・ミュラーの支配下にある教会統治局が行う行為に反対して、ベルリンにいる責任者たちに対して抗議の電報を打ち続けた。これらの手段は、福音主義の青年たちをヒトラーの青年部にとり込もうとすることや、一九三四年一月に出された、教会闘争について発言したり、書いたりすることを不法とする「箝口令」などへの反対を含んでいたのである。ベルリン主導に対する抵抗を急がせることによって、亡命した牧師たちを、ドイツ福音主義教会から手

「私には疑問はない、私はここを出る」

アーリア条項

を引かせようとする脅迫に対抗しようとしたのである。

これらの御しがたい国外の牧師たちをなだめ、彼らの新聞や世界教会運動との接触を断ち切るために、ヘッケルが一九三四年二月に強引にロンドンにやってきた。ヘッケルが、帝国教会監督であるミュラーに反対することは、国家に反逆することに等しいと彼らに忠告したとき、ボンヘッファーは、「今月の教会の最も緊急な政治的課題(40)」は、ドイツ福音主義教会からの脱退であると反論した。ヘッケルは外国の影響を受け始めている牧師たちから、国家への忠誠の誓いを引き出そうと努めたけれども成功しなかった。彼はまた、ボンヘッファーをベルリンに召喚し、すべての世界教会の活動から身を引くように命じ、そうでなければ身の安全が危ういことを暗にほのめかした。しかし、ボンヘッファーはヘッケルの要求に対して巧みに抵抗して、世界教会への関与についてはあいまいさを残すことに成功した。さらに皮肉なことに、ボンヘッファーをドイツに召喚したばかりに、ヘッケルはドイツ教会に反対する最初の自由な教会会議にボンヘッファーが関わることを許すことになり、そこにおいてバルメンにおける「告白教会」の計画が立てられたのであった。

イギリスの新聞に出た「全国総会へ」というマニフェストの第一署名者を演じたことは、著名な英国人たちがボンヘッファーを信頼できるドイツの教会の政治的状況の解説者と見なすことへと導いた。ドイツの教会への彼らの一般的な関心を通して、ボンヘッファーはチチェスターの主教であり、生活と実践についての世界キリスト者会議の議長でもあったジョージ・K・A・ベルと特別に親密な関係を結ぶことになった。そしてボンヘッファーは、ベル主教やその他の世界教会の指導者たちが、ナチスが主流の帝国教会か、それに対立するドイツの真に福音主義的教会のどちらをこの運動のために必要であるかを決めるよう努力した。そしてこのことを決定しようとしないならば、「そのとき、世界教会運動はもはや教会ではなく、立派なスピーチをするだけの無意味な集まりになってしまうでしょう」(41)と、世界連盟の主事であるヘンリー・ルイス・ヘンリオッドに書き送った。

ボンヘッファーはドイツの教会闘争においてはユニークな役割を演じた。というのは、彼は指導者でもあり異分子でもあったのである。ロンドンでは、彼は牧師仲間をドイツ教会の聖職位階制に反抗するよう導き、アーリア条項は「聖書が明らかに意味するところに反する」(42)と表明して、彼らは告白教会に「本質的に」所属していると宣言し、英国の会衆を帝国教会から大量に脱会させた。

「どうして彼は良い演説が出来ないのか」

彼はまた、一九三四年のベル主教への書簡が、ドイツの国家と教会の悪弊を公然と非難することにも影響を与えた。

しかし、彼が背教的教会と見なしたものから分かれようというボンヘッファーの呼びかけに対しては、ドイツにいる仲間たちの足並みは揃わなかった。親密な協力者であったマルティン・ニーメラーでさえ、ボンヘッファーの立場はあまりに用心深すぎると見ていた。一九三三年末に、ボンヘッファーはニーメラーに宛てて、「私たちは今、あらゆる点において、特にアーリア条項に対してラディカルに反対しなければなりません。もし私たちに都合の悪い結果をもたらすとしても、そのことを恐れてはなりません」と書き送っている。[43]他のドイツのプロテスタントより早く、ボンヘッファーは状況を的確に感知して、「私たちはすぐに、国家的社会主義者であるか、キリスト者であるかの決定に直面することになるだろう[44]」と述べている。

一九三四年一〇月に開かれたダーレム告白会議に、ボンヘッファーは出席しなかったが、この会議は緊急組織を設置することと、会衆に帝国教会統治局を無視するように呼びかけ、「ドイツ福音主義教会の告白会議の命令に従い、告白会議によって承認されている機関を支持すること」(45)を訴えた。もちろんボンヘッファーはこの告白教会の方向性を他のドイツの告白教会の人たちより真剣に受け止めていた。実際、彼らは一九三四年から一九三九年の間の彼の進路を照らした「灯」であった。しかしこの道は、国家に不忠実だと見なされる危険を避けようとした人々から見れば、狂信的であった。

一九三四年八月に、ボンヘッファーは二年ごとに開かれる生活と実践についての世界キリスト者会議のデンマークのファーネーでの協議会の準備に関わっていた。彼に課せられた務めは、生活と実践のための協議会と世界連盟とによって共同支援を受けていた青年部の指導をすることと、国家にとっての教会と世界についての全体協議会における講演をすることであった。これらの課題の準備を進める中で、ボンヘッファーは、協議会が最近バルメンで誕生した告白教会を認知するか否かに大きな関心を寄せていた。ボンヘッファーの宿敵であるヘッケルによって指導される帝国教会外務局は、すでにドイツ福音主義教会の正式代表として招待されていた。一方のボンヘッファー自身は、生活と実践についての世界キリスト者協議会のメンバーにより選出されており、ファーネーでは告白教会の代表であった。

「教会と諸民族の世界」と題する全体講演は、かなりの論議を呼ぶこととなった。彼はその講演

「平和はいつも論争の的である」

では、具体的・実践的な問題よりは、平和を維持するための教会の義務に焦点を合せた。同じ日の朝の礼拝で行った説教で、彼は純粋な平和主義に最も接近し、「私たちの持っている平和への呼びかけの中でも、最も強いものである[46]」と言われた。

ボンヘッファーは問いかけた。

いかにして平和はなるのでしょうか。政治的な条約の体系によるのでしょうか。それとも、いろいろな国に国際資本を投資することによってでしょうか。大銀行や金の力によってでしょうか。それとも、平和の保証という目的のために各方面で平和的な再軍備をすることによって、平和は可能になるのでしょうか。そのようなことによって、平和が実現されるのでは決してありません。その理由の一つは、これらすべてを通して、平和と安全とが混同され、取り違えられているからです。安全の道を通って平和に至る道は存在しないのです。なぜなら、平和は敢えてなされなければならないことであり、それは偉大な冒険だからです。平和は決して安全ということではありません。むしろ、平和は安全保障に対立するものです(47)。

ボンヘッファーの、教会の超国家的性格と平和への世界教会的責任という考え方がファーネーの青年協議会でもまた、人々に強く印象づけられたのは驚くことではなかった。さりげない海岸での会話が、ボンヘッファーの平和への戒めを含む一つの意味を明らかにしている。彼は戦いが勃発したとしたらどうしますか、と問われて、「銃を取らない力を与えてくださいと祈る(48)」と答えたのであった。

ロンドンに着いた直後から、彼はインドに学びのための旅をしたいということを、真剣に考え始めていた。インド行きの計画は、バルセロナに滞在中にすでに始まっていた。祖母のユリエ・ターフェル・ボンヘッファーは、「東方の世界」を経験することを勧め、その冒険を実現するための資金も送ってきた。一九三〇年にアメリカに行く前にもインドへの旅について語っており、彼はアジアを経由してドイツに帰ろうとしていた。一九三四年には三度目の計画が彼の思いを占めていた。彼は祖母に「インドは、私たちの帝国教会よりはるかにキリスト教的(49)」であると書き送っている。これは、ガンディーのほうが西欧のキリスト者たち以上に、イエスの山上の説教を実際に生きていると言っているのである。ボンヘッファーは、ナチスの暴政に抵抗するために非暴力的方法を

適用することの可能性に深い関心を抱いていた。
英国において、ボンヘッファーはガンディーに共鳴する人々を探し出して、熱帯地方の生活に適応できるどうかを試した。ジョージ・ベルはガンディーに紹介状を書き、自分の若いドイツ人の友人が一九三五年の初め頃に、インドを訪ねて、「共同生活とその訓練の方法を学ぼうと望んでいます」と書いた。ガンディーはボンヘッファーとその友人を歓迎して、「もし私が獄から出ているならば……私の生活を共に分かち合いましょう(50)」という親切な返事を送った。しかし、ボンヘッファーはそのとき、英国に留まるか、大学に戻るか、インドに旅するか、プロテスタント的な修道院的な共同体を発足させるか、といった選択肢の板挟みになっていた。そして最終的には、告白教会の後ろ楯のもとに、一番最後の道を選択したのであった。

フィンケンヴァルデ

一九三五年一月、ボンヘッファーは、兄のカール・フリードリヒと次のような信念を共有していた。「教会の再建は、新しい種類の修道院生活によらなければならない。それは旧来のようなものではなく、山上の説教に従って、キリストに服従する、妥協のない使徒としての生活である。共に生きる人々を集めて、このことを実行に移す時が来たと信じる」(51)。

まさに時は到来したのである。帝国教会監督ミュラーが、古プロイセン合同教会の牧師研修所を閉鎖したのち、兄弟団の地区評議員会（告白教会の牧師緊急同盟）は、大学を離れて、牧師補たちのための訓練の場を備えるために動いた。ボンヘッファーは一九三五年の初めに開設されたベルリン・ブランデンブルクにある新しい告白教会の神学校の責任者としての場を提供された。英国を離れる前に、彼は新しい使命に備えて、メソジストやクエーカーの牧師研修のための大学のみならず、いくつかの英国国教会（アングリカン）の宗教共同体も訪ねた。四月の終わりには、黒海に面したツィンクストで、二三人のドイツの牧師を目指す人たちと会い、六月中旬にはフィンケンヴァルデのポメラニア地方にある空家になっていた建物に移動した。

数年に及ぶキリスト者の共同生活についての思索の後に、ボンヘッファーは今や、そのような共同体を設立し、監督する機会を得た。そして二年半にわたって、ナチスの嫌がらせや教会の冷淡

「この法律を破棄する」

さに抗しつつ、教会を守ることに直面する人々の厳しい準備のために没頭した。地方の告白教会の会員たちは、この牧師研修所を支えて、家具や楽器から動物まで持ってきてくれた。ボンヘッファー自身も自分の蔵書を寄贈し、アメリカのブルースや黒人霊歌を含めた貴重なレコードのコレクションを献品した。牧師研修所は土地を保有する上流階級の教会員たちによって支えられた。最も熱烈な支持者の一人は、のちに彼の婚約者となる婦人の祖母ルート・フォン・クライスト・レッツォーであった。

フィンケンヴァルデの毎日の生活は決められた通りに運ばれ、厳しいものであった。一つの部屋で一緒に寝たあと、牧師補たちは食卓を囲み、讃美歌を歌い、聖書を読み、そして祈るという四五分の礼拝を守り、一日を始めた。その日の神学的学びを始める前に、彼らは三〇分の個人の黙想の時を持たなければならなかった。その週のために定められた聖句のみが彼らへの唯一の導きであった。しばらくすると、これらの霊的訓練に対して、ある人たちがまっ

「フィンケンバルデの生活が厳しいと考えるのなら、
他に代わるべきものを考えよ」

たく準備してこないことが明らかになった。フィンケンヴァルデの日常生活が不評であることが、討議の場で明らかになり、ある人は祈りや黙想の長さに不平を述べ、またある人は黙想の間に居眠りをしたり内職をしてしまうことを告白した。その結果、スケジュールが、週に一、二回は「グループでの黙想」にゆるめるよう調整された。聖餐の準備における罪の告白は、彼らにとってあまり喜ばれないもう一つの共同の行為であった。しかし、ボンヘッファーはその態度や実践のモデルを示すことによって、彼らの不快感や抵抗を結局は受け入れさせた。

フィンケンヴァルデの生活は規則

に従ってはいたが、時間を無視して、水泳や卓球や音楽（そこには二台のグランドピアノがあった）に興じたり、また現在の諸問題を自由に討議し合うこともあった。特に驚くほどのことではないが、そこでは国家への忠誠心についてとか、個人のドイツ人として兵役に就くのかどうかといったことも論じられた。かつての学生たちの記憶によれば、ボンヘッファーは兵役を拒否すべきだと主張はしなかったが、良心的苦悩に陥るであろうことを明らかにした。これらの人々は避けられないことのために準備していた。一五〇人近いフィンケンヴァルデの学生たちのほとんどは徴兵され、そのうちの八〇人以上が第二次世界大戦の戦闘の中で死亡した。

フィンケンヴァルデの授業計画は、他の牧師研修所におけるものと似ていた。すなわち、説教学（ここでは説教の作成者とボンヘッファーの真剣な討論が含まれていた）、教会の職務と教会に関する講義、さらにプロテスタントの信仰告白文書についての研究などが含まれていた。しかし、ボンヘッファーが試みた教科の変革の中心は、一九三七年に『服従』（*Nachfolge*）（最初の英語のタイトルは「弟子であることの値」（*The Cost of Discipleship*））として出版された、弟子であることについての一連の講義であり、これはフィンケンヴァルデの特質を示すものであった。本書の最もよく知られている言葉は、冒頭に出てくる「安価な恵み」という叙述であるが、その神学的重要性は、「信じる者のみが従順であり、従順である者のみが信じる」という命題である。この命題によって、ボンヘッファーは、ルターの神学では特色とはなっていない仕方で、キリストを信じることとキリストに従うことの厳然たる要求とを一つにすることを強く勧めたのである。

フィンケンヴァルデの数か月を経た後、ボンヘッファーは彼の夢をもっと永続的なものにするため、あたかも修道院的共同体を形成する提案を行った。兄弟の共同体（*Brüdergeemeinde*）すなわち「兄弟の家」(house of brethren) が、研修所の課程を終了した後も、フィンケンヴァルデに留まって、「共同の生活を具体的に体験し、キリストの戒めに共同の意識を持つ人々[52]」によって構成された。六人の牧師補たちがフィンケンヴァルデの「兄弟の家」に加わることを許された。彼らは研修所の課程を修了し、教会からの緊急の召しに応えることを誓約した者たちであった。この共同生活の実験がボンヘッファーの生涯の中で最も広く読まれることになった『共に生きる生活』（一九三九年）の基礎となった。

フィンケンヴァルデという遠隔地にいたにもかかわらず、牧師補たちは教会政治の発展のニュースを知らされており、ポメラニアの教会の争いにも積極的に関わっていた。一九三五年九月には最近制定された「非アーリア人」の市民権を剝奪するニュルンベルク法を暗黙のうちに支持することを聞いた後に、フィンケンヴァルデの人たちは、スティグリッツで開かれた古プロイセン告白教会会議に出席して決議案に反対する行動をとった。ボンヘッファーは手短かにベルリンでの大学の講義を一九三五年の末に再開したのち、牧師補の共同体が国家の動きに注目できるようにすることが出来たのであった。

このようにして情報は双方に伝わることになった。フィンケンヴァルデの集中的研究、実践的な敬虔性、典礼重視の規律、そして共同生活といった特異な組み合わせは、国内においても国際的にも、キリスト教の世界において関心を引いた。もちろんすべてが好意的であったわけではなかった。やがて、指導者であるボンヘッファーの活動と言動が一因となって、研修所に嫌疑が向けられることになった。一九三六年の始めに、ボンヘッファーはベルリンの教会当局の承認を得ないままにスウェーデンを訪問するグループを組織した。そしてこのことは、ボンヘッファーの大学私講師としての契約満了、また彼を「平和主義者であり、国家の敵[53]」であると警告する文書が出されるという結果を生み出した。四月には、彼はエズラ記とネヘミヤ記の聖書研究を出版した。そこでボンヘッファーは、エズラとネヘミヤが神殿再建を手助けしようという反対者たちの申し出を断わったことは、ドイツ教会の国家に対する関係についての教えを含んでいると主張した。しかしこの研究は、アカデミックな領域からは、旧約聖書を誤って用いているという攻撃を受けることになった。

ボンヘッファーは、一九三六年六月に、「誰でも自覚的に自らを告白教会から分離する者は、救いからも分離する[54]」と主張する論文を発表して物議をかもした。すでに見たように、彼は長い間、国際的な世界教会運動は、帝国教会か告白教会かどちらが真のキリストの体であるのかという問いを避けて通ることはできないと主張してきた。しかし、この答えに「救い」がかかっているという主張は、ボンヘッファーに新しい悪評をもたらすことになった。「熱狂的」とか「過度の改革者」と呼ばれていたことに加えて、「誤った教理」「律法主義」さらには「カトリック主義（ローマニズム）」とさえ批判されることになった。

ボンヘッファーは、一方で世界教会の仲間からの支援を求めつつも、彼らがドイツのすべての教

「彼らは私を熱狂的だと言う」

AND THEY CALL ME A FANATIC...

会の立場とも友好的であろうとする態度にはずっと失望していた。彼は帝国教会の代表が参加することを理由にして、いくつかの会議への出席を拒否した。そして次第に、帝国教会の代表も告白教会の代表に対して同じような思いを表明するようになっていった。そのため世界教会の指導者たちは、極めて難しいジレンマに陥ったのであった。一九三七年四月には、ボンヘッファーとヘンリオッドのとげとげしい関係は、オックスフォードにおける世界教会会議への代表者問題をめぐって限界点に達した。

牧師研修所

ボンヘッファーの要求や論争的な主張

以上に、彼の生涯には心引かれるものがあった。しかし、彼がフィンケンヴァルデで行っている仕事は、帝国教会の指導者たちの見方によれば、その始まりから非合法なものと見なされていた。一九三五年一二月には教会担当大臣の執行命令によって、公的に非合法とされた。当時、ボンヘッファーは、「私たちがここで行っていることはすべて非合法であり、国家の法律に反するものです(55)」と書き記している。しかし、活動は変わることなく継続された。一九三七年には、教会を離れた人の名前を講壇で読み上げること、告白教会の礼拝において献金を集めること、回覧のニュースを回すことなどが、新しい規制によって非合法であるとされた。そのため断念せざるをえなかったことはいくつかあったが、活動そのものは続けることができた。

時が経つにつれ、国家は告白教会に直接的に圧力を振るうことはしなくなったが、多くの反対する教会人が迫害の標的にされるようになった。一九三七年に一斉検挙が行われたとき、告白教会会員の八〇〇人以上が牢獄に投じられた。ボンヘッファーはフィンケンヴァルデを、迫害された人々の調停・援助・回復のための場所にしようとした。しかし、神学校は助けを必要とする人々の到着を待つことをしなかった。この地域をめぐる伝道の業において、フィンケンヴァルデの人々は、ナチスの侵害に対して断固として反対する「福音主義化」された小さな群れを形成していた。帝国教会監督が、山上の説教を「ドイツ化」しようとやっきになっていた時期に、ボンヘッファーやその弟子たち、またその仲間たちは、山上の説教を生き抜くことに身を捧げた。

一九三七年七月に、マルティン・ニーメラーが逮捕され、告白教会の臨時の事務局は閉鎖された。

「いずれにせよ、地球を守るのだ」

WE ARE GOING TO "INHERIT THE EARTH" ONE WAY OR ANOTHER...

ボンヘッファー自身は、ニーメラーの牧師館を捜索し、告白教会指導者の会議を中断させようと戻ってきた秘密国家警察（ゲシュタポ）に取り調べを受けた。そして、一九三七年九月二八日に、ついにフィンケンヴァルデの研修所も閉鎖されてしまった。そのとき手渡された閉鎖命令書には、「国家によって造られた神学生の教育機関に対する不信から、独自な組織を設け、試験を実施してきた告白教会の長い間の態度は……国家の威信と安寧を危うくするものである」(56)と記されていた。

国家がフィンケンヴァルデを閉鎖したことに対するボンヘッファーの対応は、「牧師研修所」の設立となって表れた。そこではいわゆる非合法な牧師補たちが、告白教会の合法的牧師として送り出された。一九三八年から一九四〇年（徴兵制によりほとんどの者が軍隊にとられた時期）の間、ボンヘッファーの弟子たちは、東ポメラニアの辺鄙《へんぴ》な二つの教区で「年季奉公のような代理牧師」として働いた。一つのグループは一〇人以内の牧師補からなり、ケスリンの牧師館に住み、他の者たちは四〇マイル離れたグロース・シュレーンヴィッツの牧師館（このグループは一九三九年の初めにジグルツホーフに移った）に住んだ。ボンヘッファーはシュラーヴェという町の副牧師として登録され、この二つの研修所を毎週二回行き来した。

牧師研修所におけるボンヘッファーの日常は、二つの教会政治的問題に費やされた。一つは、一九三八年四月二〇日のヒトラーの誕生日に際して要求された全牧師の忠誠誓約であった。この誓約は、「ドイツ帝国の総統と民衆に対して忠実であり、服従すること、……法を誠実に守り、自分の職務上の義務を忠実に果たします。そのように神よ、助けたまえ」と誓うことを求めた。教会における公的地位になかったので、個人的にはボンヘッファーは誓約することからは免れた。そして彼の関心は、告白教会が誓約に抵抗する牧師を支援することであった。古プロイセン合同教会の告白教会がある条件下で誓約することを認めた時には、ボンヘッファーは、告白教会は「その秩序の中に破滅する」原因を作ったと批判した[57]。多くの教区で六〇パーセントから九〇パーセントの牧師たちが進んで誓約した。もちろん多くの「ダーレムの路線に立つ者」（ダーレム会議において告白を受け入れた者たちは帝国教会とは平行線に立つ」とした宣言に固着する人たち）は、八月に命令が実質的に撤去されるまで抵抗した。

第二の危機は、一九三八年に、ダーレム会議の定めに従って兄弟の家において訓練され、試験を

「もし静けさと安全を確保したら」

受け、按手を受けた牧師たちを、合法的に公認するという提案が出されたことによって、引き起こされた。合法的に認められていなかった若き牧師たちは、再試験を申し出て、教会会議の権威を認めることによって、牧師としての召命に応えることが保証されるようになったのである。しかし、ボンヘッファーは合法的公認は、「静けさと安全」を得ることを決心することにすぎず、兄弟たちを見捨てることになることを見抜いていた。彼は彼の影響下にある人たちにしっかりと立つことを勧め、ツィンツェンドルフの言葉を引用して、「給料を停止され、牧師館の明け渡しや立退きをさせられるかもしれない、しかしあなたがたは再び牧師になれるのだ[58]」と励ました。

人々はどんどん合法的に認められる道を選び始め、対立する教会の深い裂け目が明らかになってきた。しかし、この分裂を警告することは困難であった。なぜなら、一九三八年には更に旅行制限、追放命令、公衆への演説禁止などが厳しくなっていたからである。これらの手段を用いて、政府は告白教会の指導者たちを実際に投獄することはしなかったが、彼らの間のコミュニケーションを制限した。

一方、「ユダヤ人問題」は、一九三八年の告白教会の中心問題ではなかった。しかし、ボンヘッファー家にとっては、容易ならぬ関心事になっていた。ディートリヒの双子の妹ザビーネと彼女の「非アーリア人」の夫ゲルハルト・ライプホルツは、九月に移住を強要されていた。ドイツのユダヤ人の運命は、二か月後に国中のシナゴグが「水晶の夜」（Kristallnacht）に焼かれたとき、再びボンヘッファーの注意を引くことになった。被害の現実を見た後に、ボンヘッファーは聖書を開き、詩編七四編の「〔彼らは〕この地にある神の会堂をすべて焼き払いました」〔八節〕にアンダーラインを引いた。

多くの人々は組織的なユダヤ人虐殺に対する反応が、ボンヘッファーにおける教会闘争から政治的共謀への参与の転換点になったと見ている。水晶の夜の影響を担うためには、教会は沈黙を守り続けることは困難だと見ていたことには疑いの余地がない。「目撃者たちが沈黙した」という言葉に、「ユダヤ人問題」(59)への告白教会の対応を集約したのである。ボンヘッファーは、この沈黙に次第に不快感を募らせ、「あなたの口を開いて弁護せよ／ものを言えない人を」（箴言三一・八）という言葉に、なすべき道を見出す決心をした。

再びニューヨークへ

一九三八年の終わり頃、軍籍簿に住所の登録をすることを求められたボンヘッファーは、一九三九年五月二二日には徴兵に応じるよう返答を求められた。父の調停によって、一時的に良心的兵役拒否の問題として論議され、一年の猶予が与えられた。そこでボンヘッファーは、ドイツを離れることを真剣に考え始めた。三月に英国を旅したとき、移民の可能性が第一の選択肢として心の中にあったようである。ジョージ・ベルに宛てた手紙の中で、この可能性を考える理由は、近づきつつある戦争に反対であることと、教会への配慮である、と彼は記している。

私はいつかドイツを離れることを考えていました。その主な理由は、私の年齢の者が今年、徴兵を受けるという強制的な兵役義務です。現在の状況において、戦争に参加することは、私には良心的に不可能であるように思われます。他方において、告白教会自体は、この問題に対して明確な態度を取っていません。たぶん、このような問題に対する態度を明確にすることはできないと思われます。ですから、国家に対して私たちの教会が持っていると見なされている立場に立つならば、そのことのゆえに、私の兄弟たちに恐ろしい打撃を与えることになるでしょう。(60)

「とどまるべきか？」
「行くべきか？」

ラリー・ラスムッセンが主張するように、この手紙はボンヘッファーの良心的兵役拒否は、一貫した平和主義から出たというよりは、国際的平和を維持するという深い立場から出ていることを示唆している。(61)この独自性は、ボンヘッファーが一年のうちに第三帝国への活動的な抵抗運動に参画することになった理由を理解するのにも役立つ。

ベルリンにおける五週間の滞在中に、彼はベル主教や（現在のエキュメニカルな組織に受け継がれた）暫定的な世界教会会議の新しい総主事のヴィレム・ヴィサ・トーフト、そしてラインホールド・ニーバーたちを訪ねた。ニーバーはボンヘッファーをアメリカの心許せる友人たちを訪ねるよう招待した。そして六月にユニオン神学大学から公式に教授としての招きを受け、彼は陸軍の兵員補充の召喚を猶予してもらうことが可能になった。ボンヘッファーがアメリカに渡ることによって、告白教会の国際関係からの孤立が和げられ、彼の兵役に対する姿勢が公になることによって告白教会の指導性が保たれると確信して、六月二日にドイツを離れ、英国を経由して、アメリカに向け出航した。

ニューヨークに到着したボンヘッファーは、四つの別々の機関が彼のために計画を立ててくれたことを知った。このような多くの機会を与えられたもかかわらず、彼は到着と同時に「ひどいホームシック」にかかってしまい、彼の思いはポメラニアに残してきた「兄弟たち」に向き続けた。タイムズスクエアのあたりを当てもなくぶらついた夜を過ごしたのち、ボンヘッファーはドイツに帰ることを宣言した。そしてその思いをニーバーへの手紙の中に次のように書き記した。

私がアメリカに来たのは間違いでした。私は私たちの国の歴史のこの困難な時期を、ドイツのキリスト者と共に生きなければなりません。もし私が、この試練の時を、私の同胞と分かち合うことをしなければ、私は戦後のドイツにおけるキリスト者の生活の再建に関与する正当な権利を持つことが出来なくなるでしょう(62)。

ポール・レーマンやその他のアメリカの友人たちの説得を押し切って、七月八日にボンヘッファーは英国を経由して、祖国へと船出した。「ドイツ国家の状況と教会の状況への」深い関心が彼の心を占めていた。

抵抗運動

ドイツに戻ったボンヘッファーは、東ポメラニア地方に行き、その訓練と安全に関心を寄せていた「兄弟たち」をまず訪ねた。八月末には、ポーランド侵攻が迫ったためベルリンに帰らなければならなかった。しかし、やがてジグルッツホーフに引き返し、一九四〇年三月に牧師研修所が解散されるまで、八人の牧師補たちのもとにとどまった。その後数か月を、彼は東プロシア（現在はリトアニアかロシアの一部になっている地域）にいる信者や牧師たちを巡回する告白教会の「問安使」の働きをした。

この時期のボンヘッファーのことはあ

まり報じられていないが、国家治安当局は変わりなく彼の行動を監視していた。一九四〇年七月の秘密報告書によれば、治安当局（ＳＤ）は、ボンヘッファーが、「自分の家にはほとんどおらず、ポメラニアに居を定めたことを印象づけるために時々顔を見せるにすぎず、実際には引き続き国中を歩き回って告白教会の集会を個人的な集会として開いていたこと」[63]を把握していた。そして結果的には、「彼の行動は民衆を煽動させる」[64]として、帝国内ではどこにおいても公に語ることを禁じられ、その動きを報告することを要求されるようになった。そして数か月後には、「政治的信頼性の要件を欠いている」[65]という理由で出版の権利も取り消された。

帝国中央公安局（ＲＨＳＡ）への手紙の中で、ボンヘッファーは「煽動の罪」に激しく抗議して、「私の背景と同じように、私の全生涯と活動とは、そのような問責の汚名を着せられることを容認するような活動集団と同一視される可能性はまったくない」[66]と反論している。体制を恐れていないことを強調するために、ボンヘッファーはこの手紙を「ヒトラー万歳」という言葉で終えている。しかしながら、実際にはこの時すでに彼はベルリンの親類を通じて、反ナチス抵抗運動に加わっていた。一九三八年一月からは首都から閉め出されていたが、カール・ボンヘッファーの調停によって、両親の家を訪ねることを許されていた。一方、法的には禁じられていながら、ベルリンに行くことを公認されていたので、ボンヘッファーは抵抗運動の動きについていくことができた。クーデター計画は、一九三八年にヒトラーが新しい戦争に乗り出そうとしていることを軍と市民の指導者たちが知った時から討議されていた。しかし、総統が外交的にも軍事的にも成功を収めた

ため、抵抗者たちがこの時点で動くことを困難にしていたが、一九三九年も押し迫った頃に、ナチス親衛隊（Schtzstaffel）によるポーランドでの残虐行為が知られるようになったために、政府転覆への希望が再び芽生えてきた。ボンヘッファーの義兄であるハンス・フォン・ドナーニーが、一九三三年以来集めていたナチスの犯罪記録の中に、ポーランドの大虐殺の報告と写真を取り入れた。この「恥ずべき記録」が、理解を持つ将校たちの間で回覧された。彼らはナチスの親衛隊や秘密国家警察が軍事当局へ介入してくることに反対している人たちであった。しかし、一九四〇年六月にドイツが予想もしていなかったフランス戦に勝利を収めたために、再び計画実行をためらわせることになった。ヒトラーのいわゆるコミッサール命令という、ソビエトの政治局員を裁判にかけずにただちに死刑執行できるということが合法化されたことが一九四一年に明らかになった時には、ドイツ軍の指揮官の名誉をか

けて反対が表明された。しかし、ソビエト侵攻の初期の成功はクーデターを押さえることになってしまった。

ボンヘッファーの抵抗運動者たちとの接触は、主として姉クリスティーンの夫であるドナーニーを介して行われた。ドナーニーは一九三九年に国防軍諜報部（Abwehr）と関わりを持つようになり、ヴィルヘルム・カナーリス提督を中心とした反ヒトラー運動の一員となった。国防軍諜報部のもう一人の代表はハンス・オスター大佐であった。彼は一九四〇年にオランダにドイツ軍による攻撃が差し迫っていることを警告した人である。ドナーニーがカナーリスの陣営に加わった直後に、ボンヘッファーと国防軍諜報部との接触は始められた。彼の国防軍諜報部における務めは、ドナーニーが一九四三年の尋問の中で次のように証言されている。「世界教会における国際関係[67]」を利用して「軍部に力を及ぼすこと」である。実際、公式には軍の諜報部と関わることなしには、ボンヘッファーは徴兵を免がれることはできなかったであろう。彼の諜報部における更なる役割は、共謀者の身代わりを引き受けるということであった。

このようにして、ボンヘッファーは「秘密情報機関の密偵」として二重生活を始めた。兵役免除とパスポートを持っていたので、ボンヘッファーは戦時中も比較的自由に行動することができた。しかしながら、それは不安定であり孤独な存在でもあった。海外の多くの友人たちは、ボンヘッファーは自身の危険を免れるために立場を変えたと判断した。彼は『倫理』として出版された書物の執筆に専念することはできたけれども、彼の神学的営みはフィンケンヴァルデと牧師研修所におけ

る共同の経験からは離反したものとなったのであった。事実、ボンヘッファーの回覧された手紙が、かつての「兄弟たち」が離れていったことを暗示しているように、彼の弟子たちはヒトラーの自殺行為的な戦いによって生命を失った。もちろん、家族はボンヘッファーの生命線として不変であった。彼は多くの時間をベルリンの両親の家で過ごし、国防軍諜報部のその他の事務所に勤務するようになってからは、ミュンヘンのおばの家に滞在した。

エタールのベネディクト派修道院で数週間を過ごし、『倫理』の執筆に取り組んだり、ひそかに抵抗派の人たちと会ったりした後、一九四一年二月にボンヘッファーは軍部の諜報機関との最初の旅に乗り出した。彼はスイスに旅して連合国の仲間たちとの会話を回復するという使命を担い、ドイツの抵抗運動が継続して行われていることを確認させると共に、反乱後の政府への支援を獲得するために、これらの人々の影響がそれぞれの国において有効に働くように努力した。その頃、彼はカール・バルトから治安当局（SD）発行のドイツのパスポートをどうして保持しているのかという質問を受けている。一九四一年九月に二度目のスイス旅行をしたとき、ボンヘッファーは抵抗運動が意図していることを説明し、反乱成功後の軍事行動を一時停止してくれるよう仲間たちに依頼した。

ボンヘッファーは、一九四二年四月にノルウェーに旅した。表向きにはドイツに占領される危険のあるノルウェー教会の抵抗運動を視察することであったが、秘密裡には反ナチス運動を強化することが目的であった。五月には三度スイスを訪れ、同盟軍に対しドイツの抵抗運動はヒトラーを打ち倒すために積極的に動いているけれども、主だった将軍たちとの協力関係を獲得するためには平和の条件を確立する必要があることを伝えるためであった。五月末には彼はベル主教と会見するために、突然中立国であるスウェーデンに向かった。彼はベル主教を通して、英国政府との関係を開き、クーデターを成功させるための保護を得ようとした。彼は共謀者のリストを作り、前戦では二つの組織が動き始めていることを明らかにした。転覆計画においては、新しい政府がドイツに「健全な秩序を回復」することができるようになるまでは、連合軍が交戦状態を思いとどまることを要求した。ボンヘッファーとベルは、ロンドンと抵抗軍との今後の交渉のために暗号を用いることに同意した。

抵抗軍の間では、新しい政府への交代は、ヒトラー暗殺によって始まるということが明確になってきていた。ボンヘッファー自身もこの決定に同意し、支持した。しかしながら、ドイツ国内の抵抗運動が顕著な動きを見せないままに戦争は長引き、敵軍がヒトラーを倒すことを保証するのがますます困難になっていった。連合軍政府はドイツとナチスを同一視する傾向が強まり、このようにして軍当局のメンバーと平和交渉に入ることは見込みのないことのように思われた。ボンヘッファーとその仲間たちの抵抗者たちに代表される「もう一つのドイツ」を充分に理解して、ベル主教は英国政府との交渉において、「ドイツと国家社会主義とは同じものではない」[68]ことを強調した。しかし、その区別は次第に戦いの霧の中で霞んでいかざるを得なかった。

ボンヘッファーはベルを固く信じていた。ベルは上院における関係や地位にもかかわらず、外相

のアントニー・イーデンに、ボンヘッファーを通してドイツの抵抗運動を勇気づける応答を送ることを確約させることはできなかった。ベルはヒトラー崩壊後の新しいヨーロッパの秩序を連合軍が用意することを強調した。しかしこの場合も、ボンヘッファーと同様、総統の権力に対して目に見える形での運動が欠けていることが弱味であった。一九四三年春、ベルが英国政府に無条件降伏の政策を断念するよう働きかけようとしたとき、反乱はまさに起きようとしていた。ボンヘッファーと抵抗者たちはヒトラーの乗った飛行機が内部爆発を起こすニュースをかたずをのんで待っていた。ドナーニーが自身で鞄の中に爆発装置を入れて運ぼうとしたのである。しかし、機内には持ち込まれたものの爆発させることに失敗した。新しい暗殺計画は軍諜報部の将校が自殺を覚悟の爆弾を用いることであった。この計画の成果を、ボンヘッ

ファーは彼の兄弟クラウスや義兄弟のドナーニーやリューディガー・シュライヒャー（ボンヘッファーの妹ウルズラの主人）たちと、父カール・ボンヘッファーの七五歳の誕生日を祝うカンタータを歌いつつ待っていた。しかし、この計画はヒトラーが爆発の起きるはずであった兵器廠視察を短縮してしまったために不発に終わった。最終的には、一九四四年七月二〇日の陰謀は、クラウス・シェンク・グラーフ・フォン・シュタウフェンベルクによって練られ、ヒトラーのいる会議場に爆弾をしのび込ませることには成功したが、ヒトラーは爆発から生き延びた。

ボンヘッファーは、これらすべての陰謀を知り、それに同調的であった。しかし、これは彼の政府転覆計画の範囲ではなかった。彼は彼の持っている関係を頼って告白教会の牧師たちが軍事や労働の徴用の標的にされることを遅らせる努力をし、ナチスのユダヤ人政策をあらわにして転覆を計る道を探し求めた。たとえば、一九四一年一〇月に、ボンヘッファーはユダヤ人がベルリンから追放されるという情報を手に入れて報告書を編集した。この報告書は軍事指導者たちの間で回覧され、調停や反乱が直ちに行なわれることを期待してジュネーブに送られ、これがアメリカの国務省の役人や他の外交官たちにも送付されるようにという要望をつけて送られた。ボンヘッファーはまた「作戦七」として知られる救出活動にも携わった。これはカナーリスとドナーニーによって、一四人のユダヤ人を情報機関の密偵であるという口実で中立国スイスに移そうと計画されたものである。彼はスイスとの関係を利用してこの計画の実行を支持し、救援グループに含まれていたシャロッテ・フリーデンタールと接触する仲介をした。

逮捕と拘束

ボンヘッファーの反ナチス抵抗運動のドラマは、比較的独立していた諜報部と国家の警察機構を支配するラインハルト・ハイドリヒを長とする帝国中央公安局（ＲＨＳＡ）というライバル関係にある秘密組織の間に横たわるグレーゾーンで演じられたと言える。一九四一年三月に、ボンヘッファーは「軍事的に必要な」諜報部の働き手という資格であったにもかかわらず、秘密警察が文筆活動を禁止したとき、この競合関係の中に追い込まれた。そして、一九四三年三月にスターリングラードにおいて陸軍が潰滅したとき、ボンヘッファーは、兵役義務について審査するという念書を受け取ったが、カナーリスとドナーニーの保護によってようやく徴兵を免がれることができた。カナーリスはしばらくは触れることはできなかったが、ボンヘッファーとドナーニー、そしてドナーニーの妻クリスティーネ（ボンヘッファーの姉）は、一九四三年四月五日に逮捕された。軍諜報部を壊滅させるという帝国中央公安局の方針によってそれは行われた。

ボンヘッファーはベルリン・テーゲルの陸軍刑務所に連行され、孤独な独房で監視されることになった。この月から一八か月間、彼は七フィート×一〇フィートの独房で、木のベッド、椅子と便器とバケツだけで過ごした。ニューヨークの最初の旅の時に感じた激しいホームシックが再び戻ってきて、しばらくは自殺を考えるほどであった。けれども、次第に彼はあらゆる形の自己憐憫を拒否して、テーゲルにおける自分の時間を、体操や黙想や聖句暗誦、また書物を書くことに費やすように変えていった。その獄中で唯一の希望は、結婚生活の約束であった。一九四二年にクライン・クレッシンを訪ねたときに、彼はルート・フォン・クライストの孫娘であるマリア・フォン・ヴェデマイアー

と再び親しくなり、数か月のちに婚約した。ボンヘッファーが逮捕された後、マリアは彼の近くにいるためにベルリンに居を移した。しかし、彼女の牢獄面会はいつも監視付きであった。「婚約して一年近くなるが、一時間とて二人だけでいたことはなかった」[69]と彼は書き残している。

多くの資料の中で、テーゲル刑務所内で悲嘆に暮れていたボンヘッファーの心理状態を明らかにしてくれるのは、一九四三年七月から一九四四年一二月までの間にディートリヒとマリアの間で交わされた手紙である。また一九四三年四月から一九四五年一月の間に両親との間で交わされた手紙も残っている（初めは一〇日に一度、一頁の手紙が許されていたが、ボンヘッファーが秘密の通信ルートを発見してからは通信量は増大した。さらに、エーバハルト・ベートゲとの間に交わされた手紙があり、そのほとんどは、『獄中書簡集――抵抗と信従』の中に収録されている）。これらの手紙や文書は、テーゲルにおけるボンヘッファーの体験や感情を伝え、また神学的思索を伝える欠くことのできない貴重な記録となっている。

逮捕の数日後に行われた国家戦時裁判所でボンヘッファーの尋問が行われたとき、明らかにしようとされた決定的な争点は、彼の兵役免除が認められた日付とその事情であった。尋問官は、極めて正確に、諜報部が、ボンヘッファーの兵役免除のために助力したこと、秘密警察が公開講演を禁じたのを欺いたこと、そして教会での働きを継続したことなどを突いてきた。ボンヘッファーの最初の戦略は、教会人として軍事に関しては一切関与しなかったという姿勢をとることであった。しかし、彼は他の囚人たち、特にドナーニーの証言と食い違うことを避けなければならなかった。家

族は牢獄へ、かすかな暗号を記した書物を回覧することによって、証言の一致を計った。

尋問のなされていた数か月間、ボンヘッファー自身は、母国のために効果的な道を探し求める愛国者としてのドイツ人を演じた。この姿は、一九三九年にアメリカから帰国したのは軍隊に役立つためであり、諜報部の「戦争のために働く」者として備えるためであったとした。戦争の始まり以来、世界教会における関係を軍事のために活用したことは、彼の名誉を国家の視点から回復することに役立ったのであった。徴兵を避けることによって戦争に協力することを拒否したのではないかという尋問に対しては、彼はキリスト者として、「国民と国家に対するドイツ人としての明白な義務に対して罪を犯すこと」はできなかったと答えた。

このような気遣いがなされていたことは明らかであった。取り調べに当ったマンフレート・レーダーに、将来の妻はドイツの将校クラスの家族から選び、「その父親や息子たちはすべて戦争開始以来ずっと戦場にあり、その多くは最高の勲章を受け、血の犠牲も払っています[70]」と書いている。

ボンヘッファーは、同時に、告白教会の牧師たちのために兵役免除を獲得する努力もしなければならなかった。彼らを諜報部に入れることを助け、「教会の側からの戦争協力をスムーズにかつ力強く行うために可能な限りの努力[71]」を試みた。ボンヘッファーが直面した他の深刻な問題は「作戦七」と呼ばれるものであった。これは理性的な行動であるよりは、ナチスのユダヤ人政策を破壊する行動であった。この告発を無事に切り抜けたのは、カナーリスの助けがあったからである。カナーリスはドイツ・ユダヤ人の追放に先立って計画を実行することができた。それにもかかわらず、国家戦時法廷は、それをボンヘッファーの「内的決定」を暗示するものであるとして、彼は諜報部との関係を利用して非アーリア人をフランスの移動キャンプに保護したと見なしたのである。

彼を逮捕した人々を欺く一連の行為をしたことや、獄中で「真実を語るとは何を意味するか」という論文を書いたことは驚くに足りない。この論文の中で彼は、「もし私の語る言葉が真実に忠実であろうとするならば、私の言葉が誰に語られるのか、誰から問われているのか、何について語るのか、といったことに応じて異なってくるであろう[72]」と述べている。ボンヘッファーの口実が正当化されたか否かは、究極的には不明のままである。九月に、ボンヘッファーは「不正な手段によって、兵役を免かれることを引き受ける」(73) ことに加担したとして、軍隊転覆の罪を問われることになった。審理は一二月に行われるはずであった。しかし、裁判官は、彼の場合は他の捕らえられた共謀者たちとの関連で審理は遅れると見ていた。一九四四年四月にはまだ審理の日程は確定していなかった。ボンヘッファーは「私の裁判には関心がなく、何週間もそのことを忘れていることもあった」(74) と書いている。

ボンヘッファーにとって可能であった唯一の意味ある気晴らしは、知的作業に取り組むことであった。テーゲルにおける数か月の間、彼は初代教会の歴史、現代の科学と哲学、一九世紀のドイツ文学などを含むさまざまな題目の書物をむさぼるように読んでいた。独房に入れられてすぐ、彼は戯曲や小説を書き始めた。しかし、重要な意味を持つことになったのは、一九四四年の四月から八月にかけてエーバハルト・ベートゲに書き送った手紙に記された神学的省察であった。ボンヘッファーは、「西欧のキリスト教」が崩壊していく中で、信仰は次のような概念において形を残すと考えた。すなわち「成人した世界」「非宗教的キリスト教」「秘義保持の訓練」などであり、これらはどれも神学者たちの間で論議が続けられている。これらの概念を追究した未完の原稿は失われてしまい、残っているのは、いわゆる神学的書簡と「ある書物の草案」のみである。

一八か月に及んだテーゲルの獄中生活において注目すべきことは、彼が他の囚人たちや看守たちとの間に良い関係を広めたことである。ボンヘッファーは所長と一緒に散歩したり、看守とチェ

「迫害された人々は幸いです」

スをしたり、彼のいる監獄棟の医務付添人を任じられて、病室の牧師として認められ、囚人たちの空襲時の手続きの改善について意見を述べることを求められたりした。人間味があり同情的だった看守たちは、ボンヘッファーに原稿用紙を与え、手紙のやりとりの便宜を計ってくれたりした。さらに獄房のある廊下の受け持ちを命じて彼と会話することを楽しんだ。ボンヘッファーの親類であったベルリン市の司令官パウル・フォン・ハーゼ大将が獄中に彼を訪ねた時も邪魔されることはなかった。しかし、ボンヘッファーがテーゲルで得た尊敬は、主として彼の平穏な振る舞いや悲嘆の中にある人たちに牧師として向き合ったことによるものであった。囚人仲間の一人が、戦後、ボンヘッファーは、「私が今までに出会った人たちの中で、最高の人であり、

最も豊かな賜物を持った人であった」[75]と書いている。しかしながら、彼が獄中で書いた「私は何者なのか」という詩によれば、周りの人々の見方と彼自身の自覚とは、必ずしも一致してはいなかったことを明らかにしている。

私は何者なのか。
人々は、私が獄房から、まるで領主が自分のやかたから悠然と満足気に堂々と出てくるように、歩み出てくるというのだが。

私は何者なのか。
人々は、私が看守たちと、自由に、親しげに、そしてはっきりと、まるで私の方が命令しているかのように、話しているというのだが。

私は何者なのか。
人々は、私が艱難の日々に耐え、平然と楽しみながら、誇りを持って、いつも勝利しているかのように、生きていると言うのだが。

私は、本当に人々が言うような者であろうか。

それとも、ただ私自身だけが知っている者にすぎないのか。

籠の中の鳥のように、不安に陥り、ホームシックにかかり、病み、首をしめられたかのように、息をしようとして喘ぎ、色彩や花や鳥の鳴き声に憧れ、優しい言葉に飢え、人間的な付き合いを望み、圧制や、ささいな辱めにも怒りに身を振るわせ、偉大な出来事の起こることを切望し、遠くにいる友人を助けることもできずに心配し、祈ることも、考えることも、働くことも、空しく疲れ果て、やる気をなくし、あらゆるものに別れを告げようとする。


私は何者なのか。

前者なのか、それとも、後者なのか。

今日はこのような人間であり、明日は別の人間なのであろうか。

あるいは同時にどちらも私なのだろうか。人の前では偽善者であり、私自身は、卑しむべき、泣きごとを言う弱虫なのか。

あるいは、私自身に対しては、敗北した軍隊のように、すでに勝敗の決した戦場から散り散りに逃亡していくような者なのであろうか。


私は、いったい、何者なのか。

「私は
あなたの野原にいる雀です」

この孤独な問いが、私をあざ笑う。

私が本当に何者なのかは、あなたがご存知です。ああ神よ、私はあなたのものです。[76]

一九四四年七月二〇日のヒトラー暗殺計画が失敗に終わったとき、ノブロッホという看守が、ボンヘッファーに「姿を消す」用意をしてくれた。その家族の人たちは、金も食糧も用意し、変装のために着る機械工の服までも備えてくれた。しかし、クラウス・ボンヘッファーとリューディガー・シュライヒャーが逮捕され、パウル・フォン・ハーゼが処刑された時、ボンヘッファーは自分が逃走することは家族を危険にさらすことを悟って、その計画を中止した。
次第にボンヘッファーはナチスの体制から生き残ることは無理だということを受け入れざるを得なくなっていた。「自由への途上の宿駅」という詩を、七月二〇日の計画が失敗に終わった後に書いているが、この詩は「死」という節で締め括られている。

来たれ、永遠の自由への途上で催される最後のうたげに。
死よ、この世では見えぬものを終わりの日に見るために、
私たちの地上の肉体と盲目の魂とを、縛りつけている鎖りと壁の重荷を取り壊せ。
自由よ、われらはお前を訓練と行動と苦難によってたずね求めてきた。
死よ、私たちは今、神のみ顔の中に死を見ている。(77)

最後の日々

ボンヘッファーは、一九三四年四月に逮捕されて自由を奪われ、七月二〇日の暗殺計画の失敗は、彼の調査を強める結果を生んだ。そして一九四四年九月下旬に、ベルリン南東の町ツォッセンにあった歴代の陸軍最高指揮官の防空室であり司令部でもあった家の地下の金庫に隠されていた秘密書類の隠し場が発見されるに及んで、彼の運命は決められた。ドナーニーの「恥ずべき記録」は安全

1945年4月8日

な場所に移されたことは明白であったが、ツォッセンの隠し場所が暴露され、多くの有罪を証明する書類が発見されてしまった。その中には、ヴァチカンを仲介して英国政府との間で秘密裡に討議されていたクーデター計画やカナーリス提督の日記からの抜粋、ボンヘッファーの抵抗運動との関わりに関連する手紙などが含まれていた。このようにしてゲシュタポは、今や、諜報部の広大な陰謀の証拠を手に入れることになった。

ツォッセンの書類の発見は、ドナーニー、オスター、カナーリス、そしてボンヘッファーの最期へとつながることとなった。諜報部の陰謀に加担していたことが明らかにされたボンヘッファーは、ベルリンの中心部にあるプリンツ・アルブレヒト通りにある帝国中央公安局の地下の監獄へ移され、テーブルと椅子とベッドのみの五×八フィートの独房に幽閉された。そして以後四か月をここで過ごし、コーヒーとパンとスープで生き延び、冷たい水風呂に入り、繰り返される連合軍の空襲に耐えた。ボンヘッファーは拷問にはかけられなかったようであるが、執拗に繰り返される尋問は「率直に言えば嫌悪の念を起こさせた」と記している。ツォッセン書類発見後の厳しい尋問に、ボンヘッファー家の五人はゲシュタポの監視の下で、他の共謀者たちよりは長く生かされはしたが、結局死を免れることはできなかった。一九四五年二月、クラウス・ボンヘッファーとリューディガー・シュライヒャーにまず死刑の宣告がくだされた。

テーゲルから移された後のボンヘッファーの生活についての記録はほとんど残っていない。ただ一つの重要な例外は、彼の最もよく知られている「良き力に囲まれて」という詩である。これは一九四四年の終わりに婚約者マリア・フォン・ヴェデマイアーのために書いたものであり、神に対する揺ぎない信仰が言い表されている。

良き力に、平安に、真実に囲まれ、
すばらしく守られ、慰められて、
安全に、これらの日々をあなたと共に生きて、新しい年へと向かっていこう。(78)

プリンツ・アルブレヒトの獄においては、両親や婚約者の定期的な訪問は奪い取られてしまった

「私はいつもあなたといる」

が、秘密警察の囚人である仲間の共謀者と連絡が取れるようになった。その中には、カナーリス、ドナーニー、マリアのいとこであるファビアン・フォン・シュラプレンドルフなどが含まれていた。そしてこのいとこは、二月三日に連合軍の空爆が行われ帝国中央公安局の地下牢が直撃された時にも、ボンヘッファーは、「まったく平静であり、顔面の筋肉一つも動かさなかった。まるで何事もなかったかのようであった[79]」と報告している。この四日後、ボンヘッファーは二〇人の囚人の一人として、トラックに乗せられ、強制収容所へ移動させられた。手錠をかけられて、さらにブーヘンヴァルトへ移された。そして司令部の地下に作られた空襲避難独房でその後の二か月を他の数人の者と共に過ごした。その時の仲間であったペイン・ベストは後に、ブ

ーヘンヴァルト滞在中のボンヘッファーの印象を次のように打ち明けている。

ボンヘッファーはまったく謙遜で愛すべき人物でした。彼はいつも幸せそうな雰囲気を醸し出しており、生活の中の小さな出来事にも喜びを見出し、生かされていることに深く感謝していました。……彼は私が今までに出会った人たちの中で、彼の神は現実に生きて近くにおられるということを感じさせてくれた数少ない人の一人でした[80]。

一九四五年四月三日、ボンヘッファーは「特別な囚人」として一台のトラックに積み込まれて移送された。彼らは南へ向かい、四月八日の日曜日にシェーンベルクに到着した。囚人たちのために礼拝を司式した直後に、二人の兵士が現れ、ボンヘッファーに同行を命じた。ベストによれば、ボンヘッファーの最後の言葉は、ベル主教への伝言であった。「彼に伝えてください。これが私の最後です。しかし、それはまた主にあって新しい始まりです。私はあなたと共に、あらゆる国家的な利害を超越する、私たち全世界的なキリスト者の交わりを信じています[81]」。

四月五日の会議において、ヒトラーは、ドナーニーとボンヘッファーは、ドイツ帝国の滅亡の後まで生き延びるべきではないと決定した。四月七日、フロッセンビュルクの強制収容所に、ボンヘッファー、カナーリス、オスターなどのために臨時特設法廷が準備された。その夜の遅くまで続いた尋問の後に、ボンヘッファーは、四月九日の早朝に絞首刑を執行された。そして国家の敵たちの

「祈ろう……」

死刑執行に従事した者は、特別にオランダ産のジン酒と生のソーセージの食事配給を受けた。ボンヘッファーの遺体は焼かれ、その灰は第三帝国の他の犠牲者たちのものと混ぜられた。

　ボンヘッファーの最期の場面は、フロッセンビュルクの強制収容所の医師の次の言葉によって伝えられるのみである。

> その日の朝、五時から六時の間に囚人たちは……獄房から引き出され、軍事法廷の判決が読み上げられた。仮兵舎の一室の半開きの扉を通して、私はボンヘッファー牧師が、着ていた囚人

衣を脱ぐ前に、床にひざまずいて、主なる神に真摯な祈りをささげているのを見た。この特別に好感の持てる人物の祈りが、まったく神に身を委ねきって祈り、神は確かに祈りを聴き給うという確信に満ち溢れていたことに、私は深い感動を覚えた。死刑が執行されるその場においても、彼はまた短い祈りをささげた。それから彼は勇敢に心を静めて、絞首台への階段を登っていった。数秒後に、彼の死が訪れた。五〇年に及ぶ医師としての生涯の中で、このようにすべてをまったく神に委ねて死に赴いた人を、私は未だかつて見たことはなかった。(82)

第2章
教会として存在するキリスト

ディートリヒ・ボンヘッファーの神学に初めて接する人たちは、彼の著作の各部分が相互に関連し合っていることに時折触れて、圧倒されることであろう。最近一学期間ボンヘッファーについてのゼミに参加した一人の学生は、「ボンヘッファーにおいてはどのテーマもすべて他のテーマと関連し合っている。どのようにして一つの研究テーマを選べばよいのだろうか」とおどろきの声をあげた。この困難さはまさにその通りであり、そのことは彼の思想の統一性と見事さと彼の思想の力強さを示しているのに他ならないであろう。

この章は、ボンヘッファーの全思想の鍵となる神学的課題の概観をすることから始める。五つのテーマがボンヘッファーの働きの全体を一つに結ぶであろう。すなわち、(1)教会として存在するキリスト、(2)高価な恵み、(3)代理（Stellvertretung）、(4)形成としての倫理、(5)非宗教的キリスト教である。これらの各々のテーマは解説を要求する。各テーマは苦難を受け、真に服従されたキリストの中心性にしっかりと立つボンヘッファーの省察の光の中で、最もよく理解されるからである。以下の頁や章は、それぞれのテーマを順に取り上げる。

教会として存在するキリスト

ボンヘッファーの神学的働きの中心的命題は、彼の博士論文として書かれた『聖徒の交わり――教会社会学の教義学的研究』の中に、すでに言い表されていると言っても過言ではない。二一歳で

「社会学、人類学、そして倫理」

教会として存在する
キリスト

この論文を完成したとき、「キリストは教会として存在する」と、リアリティとしての教会が考えられていた。会衆が集い、この世における神の恵みを聖餐と礼拝において共にするとき、共同体としての教会がこの世界における神の存在する場となるのである。「教会（共同体）として存在するキリスト」は、『行為と存在――組織神学における超越論哲学と存在論』（一九二九年）と『共に生きる生活』（一九三八年）の主要概念ともなった。この考えの理解をボンヘッファーは発展させ続けたので、彼は社会学、人類学、教会論（教会についての省察）、キリスト論、倫理などを援用したのである。

一般的に言えば、ボンヘッファー

の「教会として存在するキリスト」という概念は、人間であること、他者との関係の中で存在すること、さらにキリストの受肉、そして（共同体としての）教会の構造や形態と関わりを持っている。しかしこれらの考えは、いずれも人々が望むような単純な形では表現されなかった。『聖徒の交わり』は、教会の社会学的構造とキリスト受肉の神学的構造を追究している。彼はその序文で、社会哲学と社会学を神学に活用するために用いるのだと明白に述べている。彼はこの研究が神学の社会学、すなわち「すべての基本的なキリスト教概念の社会学的意図[1]」を明らかにするであろうと述べているが、この主張の含んでいるところは実に深い。

キリスト者の関心事の中で最も基本的なことは、人間の本質である。人間であるということは何を意味するのか。ボンヘッファーにとって答えは明白であった。すなわち、人間は他者に対する関係と、他者のための責任において存在するのである。この関係は神学の社会的意図、あるいは、社会性を含んでいる。他者（あなた）は、私に倫理的要求をなし、私自身に対する障壁あるいは境界として存在している。他者と出会うとき、そして他者の意志が私の意志と対立するとき、私は応答することを求められる。私は責任ある存在である。ボンヘッファーにとって、人間とは他者と出会い、他者に応答する存在であった。

ボンヘッファーによって提示された人間の概念は、重要な倫理的次元を含んでいる。「我と汝は交換し得る概念ではない。さらに、経験の特殊な領域と独自な領域を含んでいる[2]」と彼は書いている。この区別は倫理的意義を持っている。なぜなら、他者を他者として認識させ、他者の特殊性と

完全性を支持し擁護するからである。それはまた、哲学的伝統を、すなわち、ボンヘッファー自身がそこで教育され、私にとって、他者・神・世界などを知ることになった（あるいは、知らされなかったと主張するかもしれないが）カント学派を含めた哲学の伝統的考え方を破ることを意味した。

一八世紀末に書かれたイマヌエル・カントの『純粋理性批判』において、カントはよく知られるように、理性の批判的用法を分析して、私たちはいかにして事物を知るのかという問題を提起した。これらは認識論的な問いである。そしてカントは、私たちの認識は、直観の感覚の総合、あるいは感覚とは独立して、事物（本体）を事物として、事物（現象）の観察することを要求した。カントは理解や理性が経験から離れて、何を、またどこまで私たちは知ることができるかを問題にした。そして彼は普遍性（概念）と特殊性（経験の感覚）の結合を離れては、認識することはできないと結論づけた。すなわち、感覚の外に落ちる現実は先験的（transcendent）である。たとえば、神と魂の概念を考えることはできる。しかし、これらの思想に伴う知覚の感覚なしには、神を知ることはできない。

カントの構想の根底には、人間の理性には限界があるという考えがある。「私」という考えは――批判以前の時代の場合のように――、先験の領域においては、もはや居心地の良いものではなくなった。しかもたぶん皮肉なことに、自己は歴史の状況や隣人の存在に関わることなく、ただ一人で省察の出発点に立っている。この自律的自己が、現代性、あるいは、カントの用語を用いれば先験哲学として知られる進取の試みの基礎をなしているのである。カントの理性批判では、「私」（主体）は外に立っており、対象（客体）から離れている。すなわち、心は鏡として機能し、外なる現実の正確な省察と見られる「真理」を探究する。啓蒙思想の現代以後の批判は、現代の私の普遍性を拒絶し、その代わりに、少なくともその社会的・歴史的・地理的・言語学的（などの）位置を部分的には意識している反射された私について語る。この二つの世界観、特に我と汝の間の関係についての相異は、極めて重要な意味を持っている。

カントの領域においては、私は他者をただ他の私として経験するので、（たぶん普遍的と推定さ

「私が真実にめざすのは挑戦だ」

れる）自分自身の省察と思考の対象についての省察を縮小することになる。それに対し、ボンヘッファーの場合は、我と汝の関係、主観と客観の関係で考えられてはいない。彼においては、我は主体であり、汝は我の思考の一つの対象である。むしろ、汝の様式は「私に倫理的決断をさせる者としての他者」[3]と定義づけることができる。ボンヘッファーはこの点についてはあいまいさを残していない。彼は、人間は倫理的責任の中で「常に、また、ただその時にのみ」存在すると主張している。

ボンヘッファーにとって、人間というものが生じるのはある瞬間、すなわち、相手が挑戦してくるか、動くか、対決するかといった瞬間においてである。人間の創造について、彼は「人間が責任を持つように動かされ、責任の下に立ち、激しい倫理的葛藤を体験し、試みを受けるそのときに、人間を圧倒する要求によって、自覚的な人間が生じるのだ[4]」と述べている。人間が他者によって明示される倫理的境界と倫理的要求の両面を認識するのは、この瞬間においてであると言うのである。我は他に対する関係と応答においてのみ存在する。そして汝は我を責任ある行動へと呼び出し、かくして倫理的存在になる（存在についての問い、あるいは要求が、存在論的問いと要求なのである）。

ボンヘッファーの我と汝の関係の理解は、カントの先験的哲学と存在論とは異なる相互主観性としても知られている。事実、先験的思考の保証でもある他者を定義する出発点としての認識的自己の理解を変形するものであった。ボンヘッファーにとっては、「他の私」としての汝の概念は誤りである。私は汝を一人の汝として知ることはできない。ただ分離された他者なる汝としてのみ知ることができる。このようにして、彼は対話に基づく我と汝の関係理解を受け入れる近代以降の思想家たちを予表した。したがって、ボンヘッファーの「私とあなた」の関係性の理解は、対話的関係であると言える。

読者の中には、ボンヘッファーの相互主観性とは、よく知られているマルティン・ブーバーの『我と汝』（一九二三年）の概念を思い起こさせられると考える人もいるかもしれない。しかし、ボンヘッファーはブーバーの著作を知らなかった。そして両者が共通の立場を分け合っているとしても、彼らの「私とあなた」という関係への基本的な方法論は異なっている。ブーバーは、「我と汝」の関係における親密性を強調するが、ボンヘッファーの考えにはそれはない。ブーバーと同じく、ボンヘッファーも他者を客観化することには反対している。しかしボンヘッファーは他者を自己に対する境界と考え、自己と他者の間の親密さよりは、倫理的出会いを強調した。一部の学者たちは、彼の倫理的出会いの理解は、対話を重視することと対になっているとしても関係を保持したり、共同体を創造し、保持したりするには不充分でないかと論じている。しかし具体的には、フィンケンヴァルデの牧師研修所においては、彼の初期の著作の神学が具現化されたのみならず、この関係を解明するために共同の実践が行われた。

フィンケンヴァルデの経験が反映されている『共に生きる生活』という書物には、キリストの体である教会の中で生きること、また共に生きる生活を支え、継続させることを危うくする孤立した出会いを克服するための、個としての我と個としての汝の関係を具体的に支えることの勧めに満ちている。『共に生きる生活』において、ボンヘッファーは毎日の生活を早朝の共同の賛美による礼拝、讃美歌の合唱、詩編の朗読と祈りで始めることを提唱している。一日は、正午に感謝の祈りを共にするために短い時を除けば、一人で労働し、沈黙して過ごすべきだとも言っている。孤独と共同生活とは相互に依存し合っている。一日の働きが終われば共同体は、共に食事をし、終わりの礼拝を共にするために再び集合する。そして賛美し、聖書を読み、祈りをささげて、始まりと同じようにして一日を終える。

「何という共同体なのだ」

フィンケンバルデへようこそ

彼によれば、共同体の生活は、全体として、共にいる時間、一人でいる時間、礼拝、告白、そして主の晩餐からなるべきであった。これらの勧めは、随意のルールではなく、ボンヘッファーが理想として描きかつ生きたキリスト者の共同体を創造し、保持するために各自が全力をあげてその役割を果たすべきものであった。その一つひとつが、「教会として存在するキリスト」の理解を深め、また『聖徒の交わり』『行為と存在』『共に生きる生活』の間に存在する結合点を照らし出すのである。

　ボンヘッファーが繰り返し述べる私とあなたの関係は、直接的関係ではなく、神的な汝によって仲介されている関係である。いわば、一人の人間が他の人間を（倫理的要求をもって他者を存在させることによって）創造することはできない。むしろ、汝が我を倫理的責任へと呼び出すときに、神的汝に一致してそれはなされるのである。個である我と個である汝としての人間の人格は、神的汝によって創造されるのである。その結果、人間の他者との真の関係は、神によって仲介される関係なのである。この仲介された関係が、本質的には、ボンヘッファーの神学的人間理解なのである。この人間理解の中に、暗黙のうちに、ボンヘッファーの受肉理解の批判的役割が秘められている。事実、ボンヘッファーの人間についての概念や「教会として存在するキリスト」という啓示への希望は、キリストが世界に内在し、行動しているという彼の考えを追究することなしには語ることはできない。

ボンヘッファーの主張によれば、イエス・キリストは神の自己啓示として人類に現れた。それは、神の愛の自由な現れであった。キリストの、すべての人類のための受難と死において、すべてに代わって、キリストは身代わりとして、また代表する者として行動したのである。この代理的行為は、彼に従おうとする者たち、すなわちキリスト者に、キリストにならって行動する可能性の道を開いたのである。教会における生のモデルを提示したのは、キリストの行動であった。そして教会における生は、世界に対して、常に新しくされるキリストの受肉を明らかにする。ボンヘッファーの言葉の中に、次のようなものがある。

『聖徒の交わり』は、私たちのために苦しみを受けられたキリストの代理を表す行為に基づいた交わりである。そして互いのために順番にこの地球に立つキリスト者によって形成される交わりである。包括的に理解するならば、教会のしるしは、常に教会共同体の社会性を示している。福音を宣教し、聖餐を守ることが、キリストの代理の行為（Stellvertretung）を私たちに示している。そしてこの代理を表す行為が、教会の社会的形態の中に順番に表現されている。[5]

「キリストは教会として存在する」という幻は、終末論的（すなわち、世の終わりの事物に関わること）ではない。それは私たちが生きているこの世界の中で、行動的かつ必然的である見える世界についてのボンヘッファーの理解の公式化されたものである。『共に生きる生活』の中で、彼は「キリスト者の共同体は、私たちが実現しなければならない理想ではなく、むしろ、私たちが関与することを許されているキリストにおける神によって創造された現実なのである[6]」と書いている。この叙述に表されているキリスト論と教会論の不可分性が鍵である。そしてボンヘッファーがキリスト者を──社会的には──最高の人格とする基礎でもある。彼は「キリスト者とは、神が人間に対して『汝』として出会うのではなく、『我』として人間の中に入り込んでくださる時にのみ、彼あるいは彼女の本質に到達するのである[7]」と書いている。

人間が特定の場と時において倫理的存在になるということは、人間の本質は、歴史の偶発性と結ばれているものではないということである。むしろ、人間の本質は、キリストが人間のために代理

「身代わりの苦しみによって作られた共同体」

VICARIOUS SUFFERING BUILDS COMMUNITY.

の死を遂げてくださったことと不可分的に結合している。ボンヘッファー研究者であるクリフォード・グリーンは、「ボンヘッファーは人間が全体として立つ場所は、『汝』である神の前に『我』として立つことだ。アダムは、神の前における、創造と堕罪の人間を代表し、体現している。一方、キリストは、神の前における、人間、すなわち『神の前の新しい人間』[8]を代表し体現しているのである」と論じている。言い換えれば、キリストは人間の前に神を啓示すると共に、同時に、すべての人間がそこに関わる「新しい我」として立たれたのである。したがって、自己あるいは私は、キリスト論的に再形成され、キリストが自己の存在、また存在しようとする自己の存在の中心なのである。チャールズ・マーシ

「ここに神がいる」

ュはそのことを別の仕方で次のように言い表した。「キリストは存在それ自体の存在論的構造を再形成した。すなわち、すべての実存はキリストをその生命の中心として持つようにした[9]」。このようにして、私と他者との出会いはすべて、キリストを他者に提示したり、他者の中にキリストを見せる可能性を持つことになるのである。

『共に生きる生活』の中に見られるボンヘッファーの具体的な勧めは、どうすればここで提示し、示唆したことが可能になるかを明らかにしている。讃美歌の言葉をユニゾンで歌うこと、祈りの言葉を具体的に一つはこれを会衆の共同の祈りとしてささげることは、会衆を一つに結びつける、そして神の言葉に仲介されて、私たちとあなたたちを一つに作り上げられる。パンを裂くという行為は、一人ひとりの我と汝に、神から来る食物と良きものとの享受者であることを思い起こさせ、また私たちすべては霊的にも肉体的にも結ばれていることを想起させる。これらの行為において、キリストは我と汝の絶えることのない関係を明らかにされた。しかし、彼の我と汝の関係の理解は、個人はどう行動すべきか、そして互いにどう関わり合うかということを単純に叙述すること以上であり、それは個人と共同体、また共同体間の関係におけるモデル、究極的には神と人間との関係における原型を示している。

他者とは単に認識されるものではなく、離れがたいきずなで結ばれている者であるというボンヘッファーの確信は、相互主体性の理解、わけてもキリスト者の相互主体性の理解に対する独特な貢献の一つである。そして強力な受肉神学の基礎になった。キリストが仲介なさる我と汝の対話的関係についてのボンヘッファーの叙述は、人間関係の優位に注目し、キリスト教の倫理的水準基標としての他者の完全性を肯定し、さらに排他性よりは包括性を肯定している。

カントの知ることや省察すること、実在といった概念をボンヘッファーが拒否したことは、彼が「教会として存在するキリスト」という思想の初期の発展にとって重要な意味を持っていた。しかし、それは彼が行為と存在の問題と呼んだものを解明する基盤として役立ったのである。昔から存在した行為と存在という問題、あるいは疑問は、神の啓示は神は常に行動する方であり、また神は常に誰かと問われる方であるという仕方で理解されるべきなのである。歴史的には、答えは常に、行動か存在か、自か他かという選択を要求した。一言で言うならば、実存主義者を超越論者と戦わせたのである。

しかしボンヘッファーの著作、特に『行為と存在』においては、神の啓示は世界に対するものだと理解することによって二つの問題を統一させている。マーシュはボンヘッファーの議論の理解を助けるために、啓示は行為か存在かに縮小することはできない、「実在は両者に先行」しており、「教会として存在するキリスト」[10]において具体的な姿を形成していると説明した。このようにして、ボンヘッファーの行為と存在の問題を解く鍵は教会ということになるのである。行為‐存在という問題は、単純に私たちはどのようにして神を知ることができるのかということになる。そして彼は、私たちは教会において神を知ることができると答えるのである。ボンヘッファーの啓示理解は、神の自己証言はイエス・キリストの形において認識され、教会の社会的相互作用において経験されるという教会的思想形式（kirchliches Denken）を要求する。啓示は教会において出会うことができ、教会はキリストの現在するところにある。それゆえに、「キリストは教会として存在する」のである。

ボンヘッファーの初期の神学の根底にあるすべての課題において——人間の倫理的概念から（他者が私を作るという主張に依存している概念）、人間社会において超越的なものに出会うことが可能であるという考え方に至るまで——特別に注目されなければならないことは、「自己にとって、最も本質的なことは、私の外において発見される」[11]ということである。弟子であるということは、他者と共にあることによって明らかにされる。そしてまさに、他者と共にあることによって、キリストが現在するのである。倫理的、人間学的、キリスト論的、神学的、そして教会論的であること

「私たちはここで共にいる」

は、ボンヘッファーが繰り返し主張する「教会として存在するキリスト」において出会うのである。

結局、ボンヘッファーにとって弟子であることへの召しは――キリストに従う高価な召しは――、他者のためのキリストの苦難（その人が自らを見出す苦難）の深い意味と離れ難く結合しているのである。「キリストが教会として存在する」のは、この苦難の理解、特にキリストは「すべての人間の苦難を、ご自身の体に背負われた」[12]という理解を明確に示している。人間の苦難の中にまで入り込むことによって、キリストは他者と共にいる共同体と他者のための共同体を創造された。そしてこれはキリスト者の生の刻印であり、キリスト者に――具体的な歴史の中に生きる現実の人間であるキリスト者に――同じようにすること、すなわち、他者と共に、他者のために生き、他者の苦難を担い、他者と倫理的（そしてキリスト論的）関係の中で生きるようにと求め、召しているのである。

第3章
高価な恵み

「価格？　わからない。
聞かねばならないのなら」

ディートリヒ・ボンヘッファーを、最も広く有名にしたのは、恵みは高価であるという彼の信念のゆえであったと言ってよいであろう。

高価な恵みとは、畑に隠されている宝であり、それを得るために人々は出かけていき、自分の持ち物をすべて喜んで売り払ってでも手に入れる。……高価な恵みとは繰り返したずね求められるべき福音であり、祈り求められるべき賜物であり、その前に立って叩かなければならない扉である。それは私たちを服従へと招くゆえに高価であり、イエス・キリストに従うように召すゆえに恵みなのである。人間にその生命を賭けさせる値打ちがあるゆえに高価であり、それによって人間を生かすゆえに恵みである。罪を罰するゆえに高価であり、罪人を義とするゆえに恵みである。とりわけ恵みが高価であるのは、それが神にとって高価であったからである。神はその御子の生命をその値として支払ってくださったからである。……神にとって高価なものは、私たちにとって安価であるということは決してあり得ないからである。(1)

彼の著作『服従』(一九三七年)において考え出され、「安価な恵み」と「高価な恵み」と対置されるに至ったのは、ボンヘッファーの博士論文の重要な哲学的業績に基礎づけられた深い内容を持つ概念であり、『倫理』や『獄中書簡集』などに見られる後期の思想の基礎ともなった。

『服従』の最初の英訳は、彼の思想の重要性を捉えようとして『弟子であることの価』(*The Cost*

of Discipleship）と題された。新しい英語版のディートリヒ・ボンヘッファー著作集（DBWE）では、ドイツ語版の『服従』（Nachfolge）を、更に逐語訳に訳して『キリストに従う』とした。

ボンヘッファーの全生涯と神学とは、単純にキリストに従うものとして、弟子であるということに要約することができるであろう。しかし「服従すること」（弟子であること）は、すでに唱えられているボンヘッファー神学の鍵となる諸概念、「教会として存在するキリスト」「高価な恵み」「代理」「形成としての倫理」「非宗教的キリスト教」などを離れては、十分に理解することはできない。

高価な恵みという概念は、ボンヘッファーの人間のためになされたキリストの贖いの苦難に対する深遠な認識と、マルティン・ルターの十字架の神学、二王国論、信仰義認などの神学の深い理解に基づいている。さらに付言すれば、高価な恵みの考えは、ボンヘッファーの平和主義、責任、信仰と服従の関係といった考え方と響き合っている。究極的には、ボンヘッファーの後期の著述に出てくる「キリスト教信仰のこの世性」という考えの前兆であったと言える。

すでに考察したように、ボンヘッファーはこの『服従』を一九三五年から三六年にかけてフィンケンヴァルデの指導者として働いた期間に書いたのであるが、この服従についての思索はすでに一九三〇年から三一年にかけてユニオン神学大学に留学中に形をなしていたものであった。社会倫理学者のラインホールド・ニーバーや仲間の学生たち、さらに平和主義者ジャン・ラセールとの出会いは、ボンヘッファーの生涯を変えた。ニーバーは、福音の社会的解釈と同様に、現実との一致と

呼ばれる立場を主張したのに対して、ラセールはキリスト者は山上の説教を生きる義務があると主張した。これらの考え方は、ボンヘッファーにとって新しいものではなかったが、彼の神学的伝統、歴史的状況、形式的なドイツの教育などは、それらの価値をただちに認めることをさせなかった。

ボンヘッファーにとって、神学的な研究と省察は、この世界の具体的な現実と活動とはまったく別のものであった。それゆえに、ニーバーの思索と現実の必然的な相互関係という考え方に対して、ボンヘッファーが最初抵抗を感じたのは驚くに値しない。ニーバーはボンヘッファーを政治嫌いと評してさえいる。そしてユージン・ライマン教授と共に、彼の学問的洞察としての神の恵みと世界の必要性とを対話させるよう彼に迫った。一九三一年には、彼はまだこの二つを結びつける試みをする備えはできていなかった。

ボンヘッファーの後期の政治的活動を知る者にとっては、ユニオン神学大学の教授たちとのこのような対立は意外に見えるであろう。しかしながら、彼がルターの二王国論の伝統に浸っていたことを記憶することは重要なことである。ルターは、神が全世界を支配されるとしても、それは二つの王国、この世的な世俗の王国と天的・霊的な王国とに分けられると主張した。ルターは教会と国家の関係のみならず、律法と福音の関係をも同じように分けることを試み、これらの関係は必然的に弁証法的であると考えたのである。

ルターは決して二王国が互いに対立するものとして分けられることを意図してはいない。ルターはこの区別を、教会が「この世」の領域に対して無関心でいたり行動しないことを正当化することに用いなかったのは明らかである。しかし、まさにそのことがその通りに起きたのである。ボンヘッファーの時代までに、ナチスの国家社会主義とそれが包含するすべてのイデオロギーが台頭してきたので、彼はそれと直面せねばならなくなったのである。ドイツの諸教会は「二つの領域」の考え方を採用して、聖なる活動（礼拝など）と世俗の責務との間に分け目を設けた。ナチスが二王国論の教理を悪用して、教会が国事に干渉することを思いとどまらせようと強要したのに対して、ボンヘッファーは改めてルターの「聖」と「俗」の関係の根本的な理解の再検討を試みたのである。そしてそのことは、彼にニーバーやライマンの線に沿って、神学と社会的責任の間に横たわる避けがたい関係を認識させることになった。この相互関係の重要性に気付いたことは、ボンヘッファーの高価な恵みという概念を発展させ、彼の残りの生涯と働きの中に響き渡ることになった。

ニューヨークにおいて、ジャン・ラセールと友情を深めたことも、彼の高価な恵みという考え方に重要な役割を果たしている。平和主義者であったラセールは、イエスの山上の説教は、（ルター派の人たちが考えるように）実行不可能であり、人間の罪に満ちた本性を表す聖書の律法原則のようなものではなく、また終末の時にのみ実現可能を希望する理想のようなものでもない、ということの可能性を考えるように励ました。むしろ、ラセールは、山上の説教は、ここで今を、生きるための戒めの集められたものであることをボンヘッファーに説いた。

心の貧しい人々は、幸いである、
　天の国はその人たちのものである。
悲しむ人々は、幸いである、
　その人たちは慰められる。
柔和な人々は、幸いである、
　その人たちは地を受け継ぐ。
義に飢え渇く人々は、幸いである、
　その人たちは満たされる。
憐れみ深い人々は、幸いである、
　その人たちは憐れみを受ける。

「もし十戒にとらわれていれば、
もっと重いものを担うことになるだろう」

心の清い人々は、幸いである、
　その人たちは神を見る。
平和を実現する人々は、幸いである、
　その人たちは神の子と呼ばれる。
義のために迫害される人々は、幸いである、
　天の国はその人たちのものである。
わたしのためにののしられ、迫害され、身に覚えのないことであらゆる悪口を浴びせられるとき、あなたがたは幸いである。喜びなさい。大いに喜びなさい。天には大きな報いがある。あなたがたより前の預言者たちも、同じように迫害されたのである。

（マタイ五・三―一二）

一九三四年と一九三五年になされた説教の中で、『服従』におけると同様に、ボンヘッファーは、至福の教えとして知られるこの聖句と取り組んでいる。ラセールの洞察と彼自身のルターの二王国論の理解、さらに初期の著作に見られる神の自己啓示は、「教会として存在するキリスト」において明らかにされるという固い確信に基づいて、ボンヘッファーは、ドイツ教会が劣悪なナチス政府と戦うことに失敗して、実際、提示すべきであった教会と恵みとを安価なものにしてしまったと結論づけた。ボンヘッファーにとって、山上の説教は私たちを信仰とイエス・キリストへの従順へと導く、深いまた逆説的な召しとして私たちの前に立っているのである。『服従』の編者は次のように適切に語っている。

ボンヘッファーが、イエス・キリストにおける神の言葉に応答して、キリストに従い、服従する行為を強調したのは、思いやり、平和、敵への赦し、心の清さや柔和さが次第に奪われて、貧しい者を搾取したり、正義のために苦闘している者を弾圧することが意図的に増えていることの世界の中で、信仰の意味を回復することを意図したからである。要するに、イエスの山上の説教の至福の教えの見方が、ボンヘッファーのキリスト者とその教会の服従の意味を明らかにするものになったのである。もし、キリスト教から離れていく国家にあって、信仰が回復されるとすれば、教会は再びキリスト教信仰の中心は何であるかを説教し、イエス・キリストの我に従えという召しを宣教しなければならない。(2)

服従するということは、高価なことである。ボンヘッファーはそのために彼の生涯をささげた。

「私はこれに協力できる」

キリストが全人類の贖いのために苦しみを担われたことに従って、他者のための贖いの苦痛を、ボンヘッファーが選択したことは、彼の信仰への献身と死に至るまでの服従となって表れたのである。

しかし、「安価な恵み」と「高価な恵み」の区分には、犠牲的行動への召し以上のものがあった。それはルターの信仰義認についての彼の理解に関連する神学的洞察であった。最も基本的な段階において、義認とは神との「正しい関係を得る」ということである。資料をコンピューター（あるいはタイプライター）に打ち込んだことのある人は誰でも、信仰義認ということをこのような単純な意味で考えたであろう。もしあなたが「左揃え」と選択したならば、文字は頁の左側に並ぶであろう。「右揃え」な

「主の律法は
私たちの心に記されている」

ら、文字は頁の右側に並べられるであろう。そして「均等配置」の時には、（この頁のテキストのように）紙の上下（天地）の間に言葉を並べるであろう。そしてキリスト者は神の側に並ぶものとなること（すなわち神の目に義とされること）を望むのである。

しかし、信仰義認はまさに非常に単純な神学的概念であり、そして歴史的意味に満ちている。事実、ボンヘッファーの信仰義認の理解を完全に解くためには、（マルティン・ルターによって明確にされたプロテスタントの古典的な教理である）信仰義認について既に述べられている諸解釈を検討し、さらに（アウグスティヌスによって公式化された伝統的なカトリックの立場である）信仰義認の変形された教理について考察することが必要になってくる。アウグスティヌスとルターは、信仰義認は神の恵みの賜物を通してのみ可能であるということでは一致している。しかしながら、その賜物の本質において異なっている。アウグスティヌスにとっては、神の恵みはそれを受け取る者の思考や意志や信仰を変形させる賜物であり、このようにして彼あるいは彼女は、神が愛された者を愛することができるようになる。アウグスティヌスの見解によれば、罪人は乱れた愛に苦しんでいる。しかし、神の変化を可能にする恵みの賜物が各人を愛する者に変え、神を第一に考える者にすることが可能になる。神の赦しは継続されるが、それは人間自身の悔い改めと正しい行為に一致している。アウグスティヌスの歩みが彼の信仰義認の解釈に光を投じている。彼のキリスト教への回心は彼の生涯の晩年に起きたのであるが、それは誇りを捨てる選択を何度も選び取った後のことであった（彼の最も有名な著作は『告白録』と呼ばれるものである）。彼は今まで彼が意志し、考え、信じ、行動してきたやり方を変えることを真に必要とした。そしてアウグスティヌスは神の助けによって、それを成し遂げたのである。

　若きアウグスティヌス会の修道僧として、マルティン・ルターは信仰義認の概念と向き合っていた。彼はパウロのローマの教会に宛てた手紙の一節、「正しい者は信仰によって生きる」（ローマ一・一七）と取り組むことによってこの教理を理解しようとした。ルターは、信仰によって生きる前に、正しくあらねばならないと考えていた。そのために、彼は毎日告白に赴いた。しかし、アウグスティヌスとは異なり、彼はほとんど告白はしなかった。なぜならルターは、告白に値する告白をするまでは戻ってこないと語る挫折を経験した告白者のようにまっすぐな細き道を歩もうとしていたからである。ルターは神学と聖書を研究し、特にローマの信徒への手紙のこの問題の聖句を学んだが、満足を得ることはできなかった。しかし彼の到達した結論が、プロテスタント宗教改革の鍵をなす要素となったのである。

ルターは、義とされること、すなわち信仰義認は、無条件の憐れみと赦しの賜物であると理解するに至った。ルターの理解によれば、罪ある人間は、決して神の線にまで自らを先方に、あるいは先方と認められる状況にまで引き上げることはできない。パウロのローマの信徒への手紙の主張「正しい者は信仰によって生きる」は、神の憐れみに満ちた賜物としての義を述べているのである。そして、この賜物、すなわち恵みを受け入れるためには、ただ信仰を告白することのみが求められる。このようにして、ルターの有名な金言「信仰義認は（恵みにより）信仰によってのみ与えられる」が生まれた。

ルターが確信した信仰義認のこのような理解に対しては、その支持者たちを怠け者にするだけだという批判が向けられた。もし神の恵みがまったくの憐れみであり、救いのためにふさわしい行為が要求されないとすれば、良いことをまったくしなくてもよいのかと彼らは疑問を投げかけた。そして逆に、伝統的なカトリックの変形される信仰義認の理解をとるルターの反対者たちは、キリスト者が彼らの救いを「正義の行為」によって「獲得」（そのことはイエスの死と復活の救いの業を

「私は受け入れる」
I ACCEPT!
HEY!
「そうか」

無視することである）しなければならなくなることを恐れた。

ボンヘッファーは、ルターの立場が、怠惰な、冷淡でさえあるキリスト者を作り出す可能性のあることを認めている。ルター派やその他のプロテスタント・キリスト者たちが、ヤコブが述べるように、行いのない信仰は死んでいるということを認識しないならば、ボンヘッファーの言う「安価な恵み」に取り込まれていることになる。しかし、ボンヘッファーは信仰義認の立場が、神の恵みの無条件的赦しを肯定しているとしても、それは作り変えられることを励まし、要求さえしているのだということを強調している。事実、彼は恵みが服従を求めないと考える人たちは、ルターを誤解していると主張した。

信仰義認は信仰によってのみ与えられるというルターの基本的な宣言を放棄することなく、ボンヘッファーは恵みは高価であることを認識するよう要求しているのである。「高価な恵みは……イエスに従うようにという恵みに満ちた呼びかけとして、私たちに届く。また赦しの言葉として、恐れおののく魂や疲れ破れた心のもとに来る。恵みが高価なのは、人間を強いてイエス・キリストへの服従の軛の下に連れてくるからである。イエスが「わたしの軛は負いやすく、わたしの荷は軽い」（マタイ一一・三〇）と言われるとき、それは恵みなのである。(3)」「高価な恵み」という観念によって、ボンヘッファーは、二つの伝統的な信仰義認の説明の間に中間地点を立て、ルターの恵みと服従を連結させる理解を、再主張した。そしてこの中間地点こそ、一九九九年に世界ルーテル連盟とローマ・カトリック教会が、信仰義認の教理に関する共同宣言を出すに至る備えを整えることになったのである。

ボンヘッファーにとって、安価な恵みと高価な恵みの間に存在する決定的な違いは、高価な恵みが、恵みと服従の相関性を認識しているのに対して、安価な恵みはその相互関係をまったく見落としていることにあった。「それは悔い改めなしの赦しの宣教であり、……罪の告白なしの聖餐であり、個人的な告解なしの赦罪である」。そして更に続けて、安価な恵みは、「服従のない恵みであり、十字架なしの恵みであり、生ける受肉のイエス・キリストなしの恵みである」と述べている。それは生と死と復活のイエス・キリストへの変わりなき理解と希望のない恵みであり、まさに「十字架なしの恵み」(4)なのである。

ボンヘッファーは、安価な恵みは教会にとっては致命的な敵であるとさえ言う。「私たちは不幸の前兆と言われる渡りがらすのように、安価な恵みの死骸の周りに群れ集まった。その安価な恵み

「ここにこそ
真実の価値がある」

から、私たちが受け取ったのは、毒であり、それによって私たちの間では、イエスに服従することが死に絶えてしまったのである」[5]。そして「恵みは私たち自身に利益をもたらすもの」[6]とされたのである。そしてそのことは、キリスト者に以前と同じように生きることを許す証明者の役を果たすことになった。安価な恵みの下にある生は、実際、罪の下にある生と変わることなく、安価な恵みは、罪を罪人が変わることなく義とするのであるから、キリストへの服従はそこからは生まれて来ないのである。
　ボンヘッファーは、神の恵みの賜物と神の「我に従え」という召しが固く結びついていることを強調せざるを得なかった。信仰義認は恵みの賜物であるが、しかしそれは、キリスト者を責任から自由にする賜物ではなかった。そうではなくて、むしろ、高価な恵みによって罪から自由にされることは、キリストに従うことを可能にするものであった。ある意味では、獄中書簡において「この世的に生きること」を主張したのは、ボンヘッファーがルター自身の信仰義認の教理を自分のものとしていることを再確認していると言えるのである。

ルターの行動について、彼は純粋な恵みの福音の発見と共に、この世においてはイエスの戒めに対する従順が免除されることを宣言したのだと考えるのは、ルターを致命的に誤解することになる。それでは、宗教改革の発見の中心は、恵みの赦しの力によって世界が聖化され、義とされたということになってしまう。ルターにとっては、そうではなくて、キリスト者がこの世で携わる世俗の職業は、この職業においてこの世に対する抗議が最も鋭くなされていることによって、義とされるのである。キリスト者の世俗の職業が、イエスに対する服従において果たされる限りにおいてのみ、キリスト者は福音から新しい義を受け取る。ルターが修道院から離れた理由は、罪の義認ではなく、罪人の義認にあった。すなわち、高価な恵みが賜物としてルターに与えられたのである。それは渇いた土地に注がれた水であり、不安に対する慰めであり、

「私の恵みの賜物」
「どう働かせるのか」

自らが選んだ道のとりこになっていたことからの解放であり、すべての罪からの赦しであったゆえに、それは恵みであったのである。行為のわざを逃れさせるのではなく、服従への招きを無限に鋭くしたゆえに、恵みは高価なものであった。(7)

ルターの信仰義認に対して、最も鋭い批判をする人たちに対して、ボンヘッファーは彼らはルターを少ししか理解していないと反論する。ルターの賜物は、ルターにとって、神の恵みに満ちた赦しの賜物は、今まで以上に、より深く、より真摯に服従への召しを意味していたことを、彼らは正しく認識していないと反論しているのである。

第4章

代理と形成としての倫理学

「もちろん、ある人は他の人たちより
もっと身代わりになって生きる」

抵抗者

英語では「身代わりの象徴的行為」というふうに訳される「代理」（Stellvertretung）という概念は、ボンヘッファーの著作における中枢的な主要な概念であり、それは最初の学位論文から説教まで、また（死後出版された）ライフワークとなった『倫理』から獄中で書かれた手紙や文章に至るまで一貫して貫かれていた。この一つの言葉の中に、すべての人類のためになされたキリストの受難と死の理解、またキリストに従うようにというキリスト者の召命についての理解が見事に要約されている。「代理」という語は、ボンヘッファーの、人間はこの世においていかにあるべきかという叙述を最も簡潔に言い表している。キリストが私たちの身代わりとして生き、死なれたように、キリストに従う者たちは他者のために身代わりの生を生き、また愛を行う責任を担っている。この考えの中に、すべてに勝って、ボンヘッファーの神学的思考における相関性の要素が明らかになっている。ボンヘッファーの全著作を通して響いている主旋律とも言うべき「代理」の概念は、自由・責任・苦難・信仰のこの世性といった付随的なテーマと密接につながっている。そしてこれらの概念は、代わる代わるに、「教会として存在するキリスト」「高価な恵み」「形成としての倫理学」「非宗教的キリスト教」といった根本的な主題に組み込まれている。

このようにして、ボンヘッファーの「代理」の用法は、彼の「教会として存在するキリスト」という主張を抜きにしては理解できない。教会において、受肉したキリストを通して、神が啓示されるという考え方は、キリストの教会のための身代わりの行為を叙述している。それはキリストの行為が、教会の個々のメンバーを他者のために代わって働くことが可能にされるのと同様である。

「代理」は、高価な恵みという形において服従への召しを意味あるものとする。そのことは、キリストのようになることを最も良いことだとする形式的な倫理を拒否するボンヘッファーの立場を明らかにしてくれる。代理の概念は、世の中の出来事を苦しんでいる人の視点から見る必要性を含む、キリスト教の非宗教的解釈というボンヘッファーの主張の基礎をなしているのである。この見方が、ボンヘッファーが「下からの視点」と呼ぶものである。

初期の英訳版は「服従」(Stellvertretung) を「代理性」(deputyship) と訳していた。しかし、代理性の概念はほとんどの英語圏の読者にその真の意味を伝えなかったようである。ボンヘッファーの英語版著作集で一貫して用いられるようになった「身代わりの象徴としての行為」(vicarious representative action) という訳は、ドイツ語の「代理」という語の意味に更に忠実であると言える。しかしながら、彼について書かれた多くの書物は、たとえばラリー・ラスムッセンの『ディートリヒ・ボンヘッファー——現実と抵抗』(一九七二、二〇〇五年) という再版された古典的な書物でさえも、「代理性」という語が変わらず用いられている。ラスムッセンは、この語の含蓄を注意深く説明しているが、そうでなければ、豊かな意味をもつ文章、すなわちキリストの犠牲から、すべての人に対する生活の律法としての代理性を認識するという迫力が翻訳では失われてしまうのである。[1] この文章と説明のために用いられたボンヘッファーの提案の力とは、キリストの犠牲と服従の深いつながりの中に横たわっている。そして犠牲と代理は自由と責任、身代わりの行為と苦難を内に含んでいる。身代わりの象徴としての行為という言葉は、この連関をさらに鋭くし、キリストの犠牲から、私たちはすべての民の生活の律法としての身代わりの象徴的行為を認識するのである。

この主張の普遍性にも注意しなければならない。ボンヘッファーの初期の著作では、『服従』においてさえ、代理は教会の生活と活動の中に位置づけられている。しかし、一九四〇年代に至っては、『倫理』や『獄中書簡集』を形成した思索をボンヘッファーが書き記したとき、その概念は神学的なことに加えて倫理的要素も含むことになった。もはやそれは教会共同体におけるキリスト者の働きに限定されず、すべての人に当てはまる世界における存在と行為の仕方に言及するものとなった。実際、その人の人間性を決定することになったのである。古典的な神学表現が、神が人間になってくださった、それゆえに人間も神のようにならなければならないと述べるのとは、美しい対応を見せて、ボンヘッファーは、神が人となってくださった、それゆえ人は真の人間になることができると論じるのである。(2)

「代理」という概念は、彼のすべての著作に浸透している。そして彼の思考の一貫したキリスト論的中心性を際立たせている。ボンヘッファーの思考の「キリスト中心」あるいは「キリスト中心性」という特質は、彼がいかに執拗に「イエス・キリストとは誰か」「今日の我々にとってイエス・キリストとは誰か」と問い続けていたかということに注目するときに明らかになるであろう。この問いは一九二七年の『聖徒の交わり』の中ですでにほのめかされ、一九三三年のキリスト論の講義の中で直接的に語られ、一九四〇年代の『倫理』の基礎となり、一九四四年の『獄中書簡

「これはすべての人々への応答と要求である」

集』の中で再び登場する。「言葉、聖餐、教会において現在される方が、人間存在、歴史と自然の中心である。それが、中心に立ちたもう方の構造の一部なのである(3)」とボンヘッファーは宣言している。

ボンヘッファーのキリスト論は、ルターの十字架の神学の評価に深く根ざしている。すなわち、神のすべてがイエスの人間性とイエスの犠牲の死と復活の中に啓示されているという確信に彼は立っている。この特別なキリスト論的視点が、ルターにならって、十字架の道を通して与えられる自由は、「〜から、の自由」ではなく「〜への自由」であるというボンヘッファーの確信を理解することを可能にする。この自由は責任感や各人の気ままなふるまいから来るものではなく、隣人や世界に仕える自由である。犠牲的奉仕としてのこのキリスト中心的自由が、ボンヘッファーの倫理の核心であり、それはルターの十字架の神学によって形成されたのである。

ボンヘッファーは『倫理』を、自らの生涯の中心的著作にしようという幻を心に描いていた。彼が死を迎えたとき、まだ完成しておらず、残された現存資料は彼が意図した順番すら不明であるにもかかわらず、多くの学者たちも『倫理』をボンヘッファーのライフワークをなすものと考えている。この資料の力は、主として、それが現実に根差しており、この世界におけるキリスト者の責任ある行為とは何であるべきかという燃えるような問いに深く根を下ろしていることから来ている。ナチス・ドイツの「最終的解決」(Final Solution)という状況の中で、それは文字通り生と死に関わる問いであった。その状況のただ中に身を置いて、ボンヘッファーは著述し、問いに対する答えを書き記したのである。彼は『倫理』を、抽象的に、思弁的に、一つの学問的な成果として書いたのではなかった。彼には、教会とドイツ国家の将来、そしてキリスト教と人類の将来をも、本質的には危ういと見えたのである。

倫理についての論理の歴史は、長く、さまざまなことを物語っている。しかし、確立された倫理の枠組み——理性・道徳的な原理、あるいは徳に依存した——を、ボンヘッファーは責任ある行為の倫理にとっては不充分な基盤であると見なしている。その意味では、彼の働きは今までの倫理の

「キリスト者の責任ある行為とは？」

枠組みからの分離を意味していた。このことを彼は、広く知られている「一〇年後」という文章の中に暗示していた。それは一九四三年の新しい年を迎えるにあたって、仲間の共謀者たちに確認を求めて書かれたものである。

確固として立つ者は誰であろうか。自分自身の理性・原理・良心・自由・徳を究極の尺度とはしない者たちであり、信仰においてまた神へのひたすらなる忠誠において、従順な責任ある行為をなすべく召されたときに、すべてを犠牲にする備えのある人たちであり、それゆえにまさに、その生活が神の問いと召しに対する答え以外の何も

のでもないことを望む責任ある人たちのことである。(4)

神学者ジョン・デ・グルーチーは、『ボンヘッファー』という二〇〇三年に書いた優れたドキュメンタリーの中で、この章句の中心点を明らかにしている。すなわち、「良いことをするとは何を意味するのか」という問いは、ボンヘッファーにとっては悪しき(倫理的)問いである。そして正しい問いは、時代錯誤的に見えるかもしれないが、「何が神の意志なのか」(5)と問うことであった。言葉を換えれば、デ・グルーチーは、真実な問いとは、私たちの生活の、今まさにこの時点で、私たちは何をすることを求められているかを問うことだと主張している。

神の意志を尋ね求め、それをこの騒々しい悪しき政府の面前でいかに適用するかということは、ボンヘッファーの神学、キリスト論、さらに(救済の理解としての)救済論といったそれらすべてが、彼の倫理学の基礎となったものの光の中で意味を持ってくる。イエスの受肉において、神はすべての人間と和解し、すべての人類は神と和解したのだと論じている。このキリストを通して実現した和解は、新しい存在論的現実を形成する。事実、このことが新しい人間性を生み出した。この主張は、ボンヘッファーの最初の著作である『聖徒の交わり』に見出され、ボンヘッファーの倫理の自由と責任ある行為をしっかりと結びつけて、キリストに形成されるという概念へと導き入れる。

ボンヘッファーは、「形成」(formation)とか「適合」(conformation)という語によって何を意味するかということを注意深く述べており、それは人々が仮定するものとはまったく異なっている。

「私のため？」

「形成とは、イエス・キリストの形にされるということにおいてのみ起こることである。人となりたもうた方が、十字架につけられ、復活されたという、その特別な形に形成されるということである」(6)。キリストの形にされるということは、キリスト者がその個々の行為において、イエスと張り合うことを要求するのではなく、「イエスならどうするだろうか」（What Would Jesus Do?）と定式化することではない。キリストの形になるということは、どこでも通用するこの世界のふるまいや行為の模型を打ち立てることではないのである。そうではなくて、キリストの形になるということは、人間をより完全に人間とし、裁きの前に立つ自由な者とし、恵みを受け取り、愛と教会においてキリストと結ばれる者となることである。

人となりたもうた方と同じ形になるというこ

とは――すなわち、真の人間になるということである。……十字架につけられた方と同じ形になるということは――すなわち、神によって裁かれた人間になることである。……復活したもうた方と同じ形になるということは――すなわち、神の前で一人の新しい人間になるということである。……「形成」（キリストの形になるということ）とは、イエス・キリストがキリストの教会において、その形になるということである。新約聖書は、事柄それ自身のより深い・またより明らかな意味において、教会をキリストの体であると呼んでいる。(7)

結局、ボンヘッファーの指し示していることは極めて単純なことである。すなわち、キリストは原理やプログラムではない。キリストは抽象的な倫理を説くのでもない。むしろ、キリストは特定の状況に生きる現実の人間の必要を満たすために仕える現実の具体的な人間なのである。そしてボンヘッファーの状況は確かに特定のものであり、彼が書いているように、彼の状況はまさにかつて現在したのである。すなわち、戦い、中傷、ユダヤ人と外国人の絶滅、ナチスのイデオロギーの支持者と共同で教会のことを決める――これらすべてがキリスト者の側に倫理的行為を要求した。しかし、その選択は困難であった。ボンヘッファーの形成としての倫理学の理解は、自由に・責任をもって・服従として行動する可能性を持っていたけれども、しかしそのためにはしばしば巨大な個人的犠牲を強いた。

ボンヘッファーの倫理的・責任ある行為への召しは、高価であり続けた。形成としての倫理学は、代理の理解に基づいており、キリストの形になる者として、喜んで苦しみを受け、罪責を担うことを要求した。彼はある状況においては、責任ある行為は、信仰と神への服従において実行されるので――たとえば暴君を殺すといった罪ある行為をなすことになることをも承認していた。これらの場合でも、そのような行為を要求する神に人は信頼しなければならない。また、その過程で、罪人になる者に対して「赦しと慰めが約束されていることに信頼を置かなければならない(8)。

ボンヘッファーの置かれていた状況は、倫理的決断を行うための伝統的な方法について再考することを要求した。そして彼の神学、特に彼のキリスト論と恵みについてのラディカルな理解は、そのようにすることを許した。結局、倫理はキリストの形になること、形成としての倫理学を叙述するのみではなく、数多くの重要な転換をなすことによって特色づけられる。ボンヘッファーは伝統的（偽りのルター理解）な二つの王国の教理に代わって、現実の統一を論議した。そして伝統的に分離されていた「創造の秩序」の構造を捨てて、倫理的委託の考えに移行した。彼は究極のものに対する、究極以前のものの関係の重要性に重きを置いたのであった。

二王国論は現実を、一方には地上の世俗の王国、他方には霊的な天の王国と領域を分割する。宗教改革が教皇の権威を拒否したことによって突然生じた分割は、マルティン・ルターが思い描いていたものよりも、結果としては、より鋭い区分の線を引くことになった。ルターの見方によれば、二つの王国は互いに関係し合って存在し、共に神に支配されるということであった。しかしこの教理は、実際的な適用において、特にナチスの支配するドイツにおいては、区分は二つの別個の独立

「それはやがて　これは今」

THAT WAS THEN- THIS IS NOW...

した領域を要求するという形を取った。そしてそこにおいて神の意志が啓示されると考えられた。ボンヘッファーの初期の著作から明らかにされていた、人間と世界についてのキリスト論的再記述は、二つの領域という考えを拒否せざるを得なくなった。「二つの現実があるのではなく、ただ一つの現実があるだけである。そしてそれは、キリストにおいてこの世界の現実の中に現れた神の現実なのである。……この世的に存在することなしに『キリスト者』であろうとしたり、あるいは、キリストにおいて世界を見たり認識することなしにこの世的であろうとすることは、イエス・キリストにおいて現される神の啓示を拒否することである」[9]。ボンヘッファーが現実を一元論的に捉えようとしたのは、疑いもなく、アメリカの神学者ラインホールド・ニーバーの影響によるものである（最初

はボンヘッファーはニーバーの考え方に抵抗したのであるが）。そしてこの一元論的に現実を捉える立場は、さらに『獄中書簡集』における「非宗教的キリスト教」へと発展していった。

一九三〇年代のドイツの経済的また政治的騒乱の中で行き渡っていた倫理は、創造の秩序に基づくものであり、人々に安全への欲求を死物狂いで求めさせるよう駆り立てた。このような考え方の中で、神の倫理的行為への命令は、家族・国家・また国民といった創造された「秩序」の中で見出すことができるとされた。しかし、ボンヘッファーは周到であった。ナチスに同情的なキリスト者たちが、神が望みたもうドイツ国家の自然的な表現としての国家主義や民族主義的政策を正当化するために創造の秩序を共同選択することに先立って、ボンヘッファーはこのような可能性を認識していた。すなわち創造の秩序は、ほとんどすべての立場や偏見をも取り込むために用いられることを認識していた。事実、彼らは神学的信用性を観念的構成に用いた。創造の秩序と二王国論に対抗するために、『倫理』においてボンヘッファーは四つの神の「委任」（mandates）という考えを、伝統的な結婚・家族・労働・教会・国家といった「秩序」に対応させた。彼にとって「委任」の目的は、世界に生命と秩序を保持するよう助けることであった。

委任の著しい二つの特徴は、「創造の秩序」の危険から守ることに役立っている。すなわち、委任は神によって命じられ、キリストに向けて命じられている。このことは、委任は特定の歴史的形態（行政とか家族構造）と同一化されることはできないことを意味している。なぜなら、いかなる歴史的特殊性も神の召しを満たすであろうし、強調点はこの世の構造そのものではなく、神に置か

「私には一つの命令がある」

れているからである。さらに、委任の考えは、ボンヘッファーの現実と他者と共に他者のために生きるという長い間の委託をしっかりと結びつける考えと共鳴し合っている。というのは、世界にキリストに向かうことを命じるということは、現実を二つの領域に分けることを覆す考えだからである。家族・労働・教会・国家といったことを通してこの世的に関わるということは、ボンヘッファーの見方によれば、今は、キリストの現実に関与することなのである。

同じ流れの中で、彼は究極のものと究極以前のものとの関係、すなわち、最後のものと最後の一歩手前のものとの重要な関係を明らかにしようと探究している。究極以前のものは究極のものの前提条件として機能するのではなく、むしろ、究極のものが究極以前のものを決定するのである。しかしそのことは、究極以前のものの保全を尊重し、キリスト者がこの世の事柄を真剣に受け止めることを要求することによってなされることである。キリストご自身がこの世界に押し入り、この世界を守ることを命じられたのである。受肉と復活が、古い人間を新しい人間へと造り変えさせたのである。究極のものの宣言である恵みと信仰義認は、新しい人間を行為へと強いて引き出す。このようにして、飢えた子供にパンが必要である以上に、新しい人間は罪の贖いの言葉を必要としている。ボンヘッファーはこの点において実に明確である。「まさに究極的なもののゆえに、究極以前のものは維持されなければならない」[10]と言う。キリストの形にされたキリスト者は、この世界に生きる人々のために、行動し、苦しみを担うのである。

第5章
非宗教的キリスト教

「神とは誰なのか？」

一見したところ、ボンヘッファーの『獄中書簡集』は、彼が生活環境の暗さに打ちひしがれながら、書物や清潔な下着の差し入れを求めて、家族との間に交わした何でもない手紙の集積のように見える。しかし、この集められた手紙、それはベルリン・テーゲルの陸軍刑務所の独房の中で書かれたものであるが、その中にボンヘッファーの最愛の友であり、神学的議論のできるエーバハルト・ベートゲとの間に交わされた文書が含まれており、そこでボンヘッファーは「非宗教的キリスト教」を含めたさまざまな神学的問題について思いをめぐらしている。彼が以前から主張していた教会と恵み、自由と責任ある行為といったものの上に打ち立てられたこの概念は、彼の神学的思索の集約とでも言うべきものであった。一言で言うとすれば、ボンヘッファーの非宗教的キリスト教という発言は、この世に来たりたもうた神としてのキリストについての強力な再記述であると言えるであろう。

『獄中書簡集』の第三部（一九四四年四月から七月にかけて書かれた手紙類）と第四部から選ばれた資料とは、ボンヘッファーの非宗教的キリスト教という概念を公表することには批判的である。一九四四年四月、獄に入って一年後に、ボンヘッファーはベートゲに、「どのようにして、キリストは無宗教者の主になりうるのだろうか。無宗教的キリスト者は、存在するのだろうか(1)」とたずねている。これらの問いの中には暗黙のうちに、ボンヘッファーの自分は「成人した世界」——非宗教的時代——に生きており、自分の関心は今日におけるキリストの理解であるという確信がある。どのように、世俗の、非宗教的な、成人した世界の中で、キリスト教、信仰義認、悔い改め、信仰を解釈するのかということが彼の問題であった。ベートゲに宛てたボンヘッファーの手紙において彼は、「この世におけるキリスト教」を展開させるために、中心的な神学概念と同様に、信仰を再解釈しようと欲したのである。

たえず私を悩ましていることは、そもそもキリスト教とは、今日の私にとって、何であるのか、またキリストとは誰であるのかという問いである。それが神学的な言葉であれ、敬虔な言葉であれ、言葉によって人間がすべてのことを語ることのできた時代は過ぎ去った。同様に、内面性と良心の時代、すなわち一般に言って、宗教の時代も過ぎ去った。私たちは完全に非宗教的時代に向かっている。もはや、あるがままの人間は単純に宗教的であるということは不可能になったのである。(2)

キリスト教を「完全に非宗教的時代」に対して解釈するということによって、ボンヘッファーが何を意味し、また望んだのかということは、ただちに明白にすることはできない。もし私たちの疑問がボンヘッファーの問い――「そもそも、非宗教的キリスト教とは何か」――であるとすれば、その問いの一部が、さまざまな獄中の手紙のあちこちに散らばっている答えの断片をつなぎ合せているのである。

彼自身の解決を求めてボンヘッファーはこのように問いかけている。「もし宗教がキリスト教の

「着替えよう」

衣装にすぎないものであり――その衣装が時代によって異なって見えるのだとすれば――、それでは非宗教的キリスト教とは何なのか」(3)。彼はその心、あるいは核を発見するために、その中心的本質を除いたキリスト教のすべてをはぎ取ろうとした。もはや宗教を自己理解のための出発点とは見ようとしない世界の中で、時間を越えて変化する宗教の顕現を超えたキリスト教とは何かを問うたのである。この問いに対する断片的な答えに基づいて、私たちは二つのことを言うことができる。第一に、ボンヘッファーが非宗教的キリ

スト教について引き出した結論は、世界の主としてのキリストの主張であり、同時に、愛・苦難・責任ある行為について語るという主張であった。第二に、これらの主張を理解する鍵は、ボンヘッファーが「機械仕掛けの神」「成人した世界」「神なきがごとくに」「信仰」といった言葉で意味したことが明らかにされるということである。

「機械仕掛けの神」(Deus Ex Machina)

ボンヘッファーは次のように書いている。「宗教的な人間は、人間の知識が行き詰ったとき(それは彼らが考えることを怠けているだけのことなのだが)、あるいは人間の手段が尽きたときに、神について語る。しかし本当はそのとき、神はいつも機械仕掛けの神である。宗教的な人たちは解決しがたい問題の見せかけの解決のためか、もしくは人間が失敗した時の力として神を語るのである」(4)。ボンヘッファーは、神が第一に答えられない問いに答える方、――すなわち人生の限界に立って御翼の陰で待つ者として、人間の無力のときの先導役を務める者として認識されるようになったことに問題を感じている。彼の見方からすれば、このような理解は不適当であり、危険でさえある神のイメージであった。

機械仕掛けの神(Deus ex machina)は、古代ギリシアやローマの劇場から出た表現である。俳優たちが解決できないような状態に直面したそのときに、神を演ずる俳優が滑車につけられたワイ

「じゃましてごめん」

ヤーによって舞台に降り立ち、問題を解決して、速やかにかつ神秘的に退場していった。多くのいわゆる宗教的な人たちにとっては、神はこのように機能しているとボンヘッファーは論じたのである。このような役割の神は、永遠に人間の生活と経験の境界に留まらなければならない。なぜなら、人間は次第に問題の答えを自分自身で発見することができるようになっていくからである。科学の発達や実存論的・心理学的分析によって、人間は神に頼ることなく、自分自身で世界を理解することができるようになる。その結果、このような「機械仕掛けの神」としての神のイメージは、着実に余計なものとなっていく。

「非宗教的キリスト教」の可能性を論じる中で、ボンヘッファーは現代の生活の中で神の場やイメージ、また役割を再考察することに関心を持った。彼は「私は限界に立ってではなく中心において、弱さにおいてではなく力において、それゆえに、死や罪責においてではなく生と人間の善において、神について語りたいのである（5）」と書いている。ボンヘッファーの思考はここで、キリストがこの世界に、人々の間に、わけても弱い人々や苦しみの中にある人々の中で生きるために来られたように、イエスにおいてなされた神の自己啓示に伴う評価をもって、新約聖書を読み直すことを真剣に考えているのである。

「成人した世界」

一九四四年五月に、ボンヘッファーはベートゲに、カール・フリードリヒ・フォン・ヴァイツゼッカーの書物、『物理学の世界像』を読んでいると書いている。そしてこの書は、神を一時の補い、あるいは機械仕掛けの神として用いることは誤りであることを支援してくれると述べている。物理学者がボンヘッファーに、知識の先駆者たちは限りなく広がっていき、そこでは、神はこれらの変化する限界と共に絶え間なく遠くへ押しのけられてしまうということを認識させているのである。このことを心に留めて、ボンヘッファーは、神は未解決の問題や知られていないことの中でのみ見出されるのではなく、私たちが認識しているものの中、すなわち、生活の周辺でなく中心で見出さ

「多分、神は細部にいるのだろう」

れるべきであると主張する。

　ボンヘッファーにとって、私たちが認識しているものの中に神を見出すということは、キリスト者は科学的知識を恐れないことを意味した。科学の進歩は、私たちの神理解、あるいは神との関係に影響を与えないし、また影響されてはならないのである。ボンヘッファーは、このことは知識の他の領域においても同様に真実であることを認めていた。「神は未解決の問題の中ではなく、解決された問題の中で、神の現在を認識することを欲しておられる。……それは死・苦難・罪責といった普遍的な人間の問題においても真実である」[6]。これらの境界的状況においても、私たちは神に頼ることなく答えを見出すことができると言うのである。なぜなら、人々はそのように行っており、未解決の問題に対する答えの源としてのみ理解される神は、（たとえば死とか苦難といった）伝統的に神に委ねられていたような問いに対しても答えないのだとボンヘッファーは語っている。

他の手紙の中に、ボンヘッファーはこのように記している。

神は私たちの可能性の限界においてではなく、生の中心において認識されなければならない。生においてであって、死が訪れた時のみではない。健康と力においてであって、苦難の時のみではない。行為においてであって、罪を犯した時のみではない、というのが神の意志である。そしてそのことの根拠は、イエス・キリストにおける神の啓示にある。彼は生の中心であり、決して未解決の問題に答えるために「来られた」のではない。(7)

神を私たちの生の中心において認識するということは、ボンヘッファーにとっては三つのことを意味した。第一に、補助的あるいは機械仕掛けの神として、一般的に神を理解していることの問題性を明らかにする。第二に、世界は「成人した」ことをあらわにする。第三に、聖書の神概念――イエス・キリストにおける神の啓示――が、他者のためにこの世界で愛に満ちた行為へと、展開するか否かを明らかにすることであった。

このようにして、神の自己啓示としてのキリスト、すなわち生の中心としてのキリストは、ボンヘッファーの非宗教的キリスト教という考えの理解に対しては批判的である。しかもこの考えは彼の神学のキリスト論的中心に関わっている。ボンヘッファーの全著作においてキリストの役割を過

IT MEANS WE CAN TAKE THE TRAINING WHEELS OFF

「補助の車輪を
取り除くということだ」

大に強調することは難しい。そしてまた同様に、ここでキリストの中心性を、特にこの状況で誇張して語ることは難しいであろう。

それでは、ボンヘッファーが「成人した世界」という聞き慣れない表現で語ろうとしたことは、一体何なのであろうか。彼は一三世紀以降一般に見られた人間の自律性を目指す動きが完成に達したことに注目している。知識のあらゆる領域において、――科学から社会学・政治学的事柄に至るまで、さらに芸術から倫理や宗教に至るまで、「人間はあらゆる重要な問題において、『神』と呼ばれる『作業仮説』の助けを借りることなく、自分自身で処理することを学んだ」[8]のである。この意味において、私たちは成人した世界の中に生きている。倫理や宗教の領域においても、歴史的に神学を確保してきた究極の問題に関してさえも、世界はもはや神に依存することなく、その問いに自ら答えを得ることに目覚め始めたのである。

「神なきがごとくに」(Etsi Deus non Daretur)

ボンヘッファーは、成人した世界においては、作業仮説としての神、あるいは答えることのできない問いへの答えとしての神は、消え去ってしまったと何度も繰り返して述べている。この仮説が消え去っていない場所では消し去る必要があると言う。私たちは世界において、神なきがごとくに生きるよう召されているのだと彼は言う。多くの初期のボンヘッファー研究者たちは、この主張と彼の非宗教的キリスト教についての議論全体を誤解したり、悪用したりしている。たとえば、一九六〇年代の神の死の神学者たちの中には、ボンヘッファーを自分たちと同じ側に立つと主張した。しかし、彼らはボンヘッファーの立場を理解していなかった。

このように、成人した世界は、私たちを神の前における状況の正しい認識へと導く。神は私たちが男としてまた女として、その生活を神なしに営むことができる者であることを悟らせたもう。私たちと共におられる神は、私たちを見捨てる神(マルコ一五・三四)である。神という作業仮説なしにこの世界で生きるようにさせる神こそが、私たちが絶えずその前に立っている神なのである。神の前で、神と共に、神なしに、私たちは生きるのである(9)。

成人した世界において、私たちは作業仮説としての誤った神観念なしに生きるのである。すなわち、機械仕掛けの神といった神観念なしに生きる。しかし、そうすることによって、神は自らを、聖書物語の中に、キリストとしてのイエスの中に啓示することを選ばれた神として、神を追い求める道を開いてくださったのである。この見方に従えば、キリストは生の中心におられ、私たちの経験の周辺にはおられないのである。

この正しく呼び戻されたキリスト理解こそは、非宗教的キリスト教の福音である。すなわち、十字架上のイエスの福音であり、権力や全能の知識においてではなく、弱さと苦難において、私たちと共におられ、助けてくださるキリストであると、ボンヘッファーは主張している。この世界から閉め出され、十字架へと追いやられた方が、私たちの苦しみの中で、共にいてくださるのである。彼にとっては、機械仕掛けの神と苦難のキリストとの間の相異が、宗教とキリスト教の間に横たわる相異を明らかにしているのである。この違いをボンヘッファーは、次のように言い表している。「人間の宗教性は、困窮に陥ったときに、人を神のこの世における力へと向かわせる。この神は機械仕掛けの神である。しかし、聖書は人間を神の無力と苦しみへと向かわせる。苦しみたもう神のみが、私たちを助けることができるのである(10)」。

「しかし、あなたのために私はまだここにいる」

BUT I'M STILL HERE FOR YOU!

この世界に住み、神の苦難を分かち合うことが、一人ひとりのキリスト者への召しであるとボンヘッファーは言う。それは「世俗の世界」に生きることへの召しである。特別な仕方で「宗教的」に生きるように召されたり、義務づけられている者は誰もいない。一人ひとり人間はキリストの後に従うように召され、この生を生きるように召されている。「一〇年後」という有名な省察の中で、――それはヒトラー治世の一〇年間の間、彼と共に働いた仲間たちを道徳的に支持するために書かれ、『獄中書簡集』の中に挿入して出版されたのであるが――ボンヘッファーは、力を込めて、この世界を手から離してはいけないと注意している。彼の中心点は、自らを宗教的であると見なし、敬虔な現実逃避を行って、ナチスの残虐行為の前で何もしようとしない人たちと、現実の世俗の世界の中

で、自らの責任を担うことを選び取った人たち、そして将来の世代のために信仰をもって行動した人たちとを峻別することにあった。

信仰

ボンヘッファーにとって、信仰とは全体に関わるものであった。それは部分的に関わる宗教とか宗教的行為とは、対峙するものであった。

キリスト者は、「世俗の」生を生きなければならない。そしてそのことによって神の苦しみにあずかるのである。彼は「世俗的」に生きることを許されている（誤った宗教的束縛や抑制から自由にされて）。キリスト者であるということは、特別な仕方で宗教的であるということではないし、また何らかの方法論に基づいて自分を（罪人、悔いる者、あるいは聖徒）といった何ものかに仕立てあげることでもない。そうではなくて、ある類型の人間ではなく、キリストが私たちの中に創造される人間であるということである。宗教的行為がキリスト者を作るのではない。世俗の生活の中で神の苦難にあずかることが、キリスト者を作るのである。これが「悔い改め」（*metanoia*）である。それはまず第一に、自分自身の窮乏や問題や罪や不安を考えるのではなく、イエス・キリストの道に、すなわち、メシアの出来事へと自分自身が捕らえ

「あなたのすべてを得たいから、
すべてを売り払いたい」

I WANT YOU TO SELL EVERYTHING, BECAUSE I WANT YOUR ALL...

られることを認めることである。……「宗教的行為」は常に部分的であるが、「信仰」は全体的であり、人間の生活全体を包んでいる。イエスは私たち人間を、新しい宗教へではなく、生へと召しておられるのである。[11]

一九四四年七月二一日、ヒトラー暗殺の最後の試みが失敗に終わった後も、ボンヘッファーは成人した世界におけるキリスト教の意味についての省察を再び続けていた。彼はベートゲに宛てて、「キリスト教のこの世性[12]」をいよいよ深く知り、理解するようになったと書き送っている。彼は「この世性」ということを表面的な意味で語っているのではない。「この世性とは、啓発された人たち、多忙な人たち、安楽な人たち、みだらな人たちといった浅い陳腐なことではなく、むしろ深味のあるこの世性なのだ」と彼は言う。「非宗教的キリスト教」は、「規律によって特徴づけられ、常に死と復活の知識が変わらずに伴う[13]」という仕方でのこの世性なのであった。

同じ手紙の中で、ボンヘッファーはユニオン神学大学時代のフランスの友人ジャン・ラセールとの友情を想起し、ラセールから深い、そして絶えることのない影響を受けたことを記している。ボンヘッファーはラセールが、聖人になりたいと望んでいたことを思い起こして、「彼が聖人になることはふさわしいことだと思う[14]」と思い返している。しかし、自分自身は思いを異にしていた。「そのとき、私はラセールに感動したのだが、それにもかかわらず、彼に同意はしなかった。そして結局、私は信じることを学びたいと言ったのである。長い間、私はこの対比の深さに気付かなかった。私は聖なる生活を生きようとすることによって、あるいはそのようなことを試みることによって、信じるということを学べると考えていたのである[15]」と書いている。しかし、信仰は単純にやってくる、そして課題や問題、成功や失敗、さまざまな経験や行き詰まりが満ちているこの世界の中で完全に・また無条件に生きることによってのみ、得られるとボンヘッファーは述べている[16]。

このテーマはすでに今までにも出てきていたものである。私たちは神を私たちの経験の中心で見出すのであって、遠くに追いやられた周辺において見るのではない。キリスト教はこの意味においてこの世的なのである。すなわち、ここ、この世界において、私たちは自らを神の御腕の中にまったく委ねるのである。自分の苦難でなく、この世における神の苦難を真剣に考えて、ゲッセマネのキリストと共に目を覚ましているのである[17]」。信仰は宗教的行為ではない。部分的なものでもない。

「神の苦しみが沢山ある」

そうではなくて、信仰は常に全体的である。人間生活の全体に関わるものである。「イエスは人間を（男も女も）、新しい宗教へではなく、生へと招いておられるのである[18]」。

ボンヘッファーのキリスト教についての思いは、この世において神の苦難にあずかるということ以外の何物でもなかった。それは、私たちと出会い、私たちに倫理的要求を与え、私たちの応答を求めることによって、他者の苦しみを共に担うことをなさった神の苦しみを分かち合うことであり、ここに彼の生涯の働きの集約があった。実際、彼の『獄中書簡集』の力は、ある程度までは彼の初期の思索、特にキリスト論的思考と継続している。

責任ある行動は愛の精神と他者のため、特に苦しみの中にある他者のためになされるということは、彼が『聖徒の交わり』、キリスト論講義、説教、『服従』、そして『倫理』において一貫して提示してきたキリストのイメージであった。彼の最も初期の論文からは、「教会として存在するキリスト」として、それぞれの自分とそれぞれの他者を結ぶ重要なものとしてキリストは位置づけられていた。ボンヘッファーの神学の中心には、キリストが立っているのである。そして真実に服従するということは、他者のかたわらに立って苦しむこと、彼らのために苦しむこと、さらに彼らのために罪責を引き受けることをも喜びとすることを要求する。代理の責任ある行為は、きわめて高価なものとなり得るのである。

キリスト者も異教徒も

獄中で書いた詩「キリスト者も異教徒も」の中で、ボンヘッファーは「非宗教的キリスト教の全般的主題を非常な辛辣な言葉で言い表している。ジェフェリー・ケリーとバートン・ネルソンは、「独自な簡潔さと詩的な表現で、ボンヘッファーは、人間と神との関係の本質についての理解の総括をなしている」[19]と述べている。

人々はみな、自らの困窮の中で神に行き助けを捜し求め、パンと幸福を祈り、苦痛と罪と死とからの解放を求める。
人々はみな、キリスト者であれ、異教徒であれ、そのようにする。

人々はみな、困窮の中にいる神の御もとに行き、
神が貧しく、辱められ、避けどころもパンも持たないことを見出し、
神が罪と弱さと死によって苦悩の中におられることを見る。
キリスト者は苦悶の中にある神のかたわらに立つ。

神は困窮の中にあるすべての者の所へ行き、
彼のパンをもって、人々の体と魂を満ち足らせ、
キリスト者と異教徒のすべてのために十字架の死に赴き、
彼らのいずれをも同じように赦す。[20]

この詩の第一節は、神を機械仕掛けの神と受け取めている人たちのイメージを描いている。神は便利な存在であり、私たちの必要を満たす神である。私が苦悩の中にある時に呼び出される神である。第二節は、世界におられる神を描写している。神は貧しく苦しめられている。「貧しく、辱められ、避けどころもパンも持たない」。その姿はわびしい。ボンヘッファーの表現は強烈である。

「苦悶している」のは神である。邪悪に巻き込まれ、弱さと死によって、他者の苦しみの原因となる方である。この像はボンヘッファーの神についての聖書的概念の修正を反映している。必要や困難の時に呼び出される者としての神を拒否し、世界の痛みや苦しみの中へと入り込んでくださる神を鮮やかに描き出している。

第二節では、人間の苦難の重荷を自らの肩に担おうと備えつつゲッセマネの園におられるイエスの姿と、キリストに従うことはその重荷の幾分かを担うことだと理解して、キリストのかたわらに立つキリスト者とを、同時に指し示している。世界における神の苦悩をこのように分かち合うことが、弟子になるということであり、それは高価な恵みであり、それこそが「この世的なキリスト教」ということである。ベートゲに宛てた言葉の中で、ボンヘッファーは「深遠なこの世性であり、死と復活の不変の理解によって特色づけられている[21]」と述べている。

詩の第三節は、ボンヘッファーの他者理解の神学的・存在論的理解に切り込んでいる。神は「すべての者」のところへ行く。キリスト者のためであると同じように、異教徒のためにも、キリストは十字架にかかられた。キリストはすべての者を赦される。ボンヘッファーは何の条件も排除する言葉も付していない。実に、他者は神の恵みの存在論的目印になっている。他者の位置についての(イエスの生と死と復活の救いの業がなされた)基本的なキリスト論中心の立場は変わっていない。

ジョン・マシューズはこの詩を言い換えて叙事詩を作っている。「キリスト者は、他のすべての人と同じように、十字架にかけて、死を担わせられた神によって愛されている。人々に代わって、

自らをささげ、赦し、犠牲となることによって[22]」。元の詩の第三節、すなわち、すべての人のためにキリストが代理の苦しみを担われたという箇所をマシューズは言い換えているのである。作詩上許される行為を行使してマシューズは、ボンヘッファーが提示しているキリスト者のアイデンティティ、弟子になること、またその職務の独自性に注目した第四節を加えている。「主よ、援助する人たちの中で、あなたを探す者としてください。傷心した人々の生活の中で、平和とパンを追い求めます。あなたのおられるところで、あなたにお会いしたいと望みます。主よ、私を強めてください。他者のための

キリストになるために、水と御言葉を携えていきます」[23]。
　この詩において、ボンヘッファーは一九四四年四月三〇日にベートゲに送った質問「たえず私を悩ましているのは、そもそもキリスト教とは、今日の私たちにとって何なのか、またキリストは今日に生きる私たちにとって誰なのか」[24]という問いへの答えを考え続け、また考え直しているのである。マシューズの詩はそれを明白に述べている。キリスト教とは（キリスト教徒とすべての異教徒にとっても同じように）、十字架にかかって死なれた神によって愛されているということであり、キリストは今日、「私たちの貧しく疎外されている隣人の中におられ……破れた人々の生活の中におられる」[25]。キリスト者は、イエスがなされたように、神と苦難を分かち合

う者として、神のかたわらに立っているのである。

ある書物の草案

「キリスト者も異教徒も」という詩だけが、『獄中書簡集』の中で、ボンヘッファーの「非宗教的キリスト教」の理解に生命を吹き込んだのではなかった。一九四四年七月から八月にかけて獄中文書の中に、「ある書物の草案」があり、ボンヘッファーはそれを三つの章に分けていた。すなわち、「キリスト教の再検証」と「キリスト教の真の意味」と「結論」とであった。この草案は、ベートゲに送った一九四四年四月から七月の間の手紙の中にある断片的な思考に順序をつける試みでもあった。ボンヘッファーの各章に対する考えは簡潔なものであったが、その意味するところは著しく包括的である。

第一章についての構想の中で、ボンヘッファーは「作業仮説としての神、私たちの困却を穴埋めしてくれるものとしての神は、もはや不要のものとなった[26]」ということを繰り返し説いている。そして私たちの論点にとっては、第二章と第三章が最も適切なものとなっている。ボンヘッファーが予定した第二章は、「神とは誰か」という問いを問うことが入っていた。その答えは、私がすでに示唆したように、「非宗教的キリスト教」の中心点に入っていくことであった。この世界に神が現在し、苦しみを担われるということは、彼のキリスト教の非宗教的解釈と固く結びついている。彼の記した次の言葉はよく知られている。

神とは誰なのか。まず第一に神の全能といった一般的な神信仰を言うのではない。それは真の神経験ではなく、この世の延長の一部である。イエス・キリストとの出会い。ここですべての人間的存在の逆転という経験が起こる。それは「イエスがただ他者のためにそこにおられる」という事実において与えられる経験である。イエスの「他者のための存在」こそが超越経験なのである。ご自身からの自由、死に至る「他者のために存在する」ということ。ここから初めて、全能・全知・遍在も起因するのである。信仰とは、このイエスの存在（受肉・十字架・復活）にあずかることである。……神に対する私たちの関係、イエスの存在にあずかることを通して「他者のために存在する」という新しい生である。超越的なものとは、無限の、到達不可能なもろもろの課題のことではなく、その都度与えられる手の届く隣人のことである[27]」。

神のこの世界における現在、神のこの世界における弱さこそが、神がこの世界の空間と力に勝利したもう唯一の手段なのである。「超越的であることは、無限の手の届かない務めではなく、隣人なのである」。ジェフリー・ケリーとバートン・ネルソンは、「ボンヘッファーにとって、これが、権力意識を増大しようとする宗教と、この世で神が苦しみたもうように弱さの中に神の力を確信するキリスト教との間の決定的な違いである[28]」と述べている。

ボンヘッファーの「ある書物の草案」の第三章は、神学の社会性に献身することを再検討することを勧めている。「教会は他者のために存在する時にのみ、教会である(29)」。このテーマを彼は次のように主張して継続している。「教会は、支配するのでなく、助け、仕えることにおいて、普通の人間生活における世俗の諸問題を分かち合わなければならない。そして、あらゆる職業の人々に、キリストと共に生きる生活とはどのようなものであり、他者のために存在するとはどういうことを意味しているかを伝えなければならない(30)」。

一九四四年七月二一日に、ボンヘッファーはベートゲに宛てた手紙の中で、ボンヘッファーは「キリスト教のこの世性の深遠な意味」に目覚めていることを再び記して、「人はこの世の中で完全に生き抜くことによって、信じることを学ぶのだということを発見した[31]」と述べている。彼はさらに続けて、「この世性において、私は人生における義務や課題や成功や失敗やさまざまな経験と行き詰まりを無制限に生きることを意味している[32]」と記している。そうすることによって、私たちはこの世における神の苦難を真実に受け止めるのである。そして、私たちはゲツセマネにおけるキリストと共に目覚めていることができるし、またそうするのである、とボンヘッファーは語るのである。

第6章
遺　産

すでに述べて来た章において、読者の皆様は、ボンヘッファーの神学が深い内容に満ち、また時宜に適ったものであり、哲学的に論じられているけれども、具体的な現実に根ざしたものであることに気付いてくださったことであろう。しかし、ボンヘッファーの死の直後には、ボンヘッファーに敬意を払う人たちの間にも、彼を偉大なキリスト者であると同時に偉大な神学者と位置づけることが妥当であるかどうかを疑問視する人たちもいた。しかし今日ではこのように考える人はほとんどいなくなった。というのは、この数十年の間に、ボンヘッファーを思想家として評価する人たちが着実に強まったからである。もし彼が最初に、『獄中書簡集』の断片的な黙想によって神学者として注目されていれば、『聖徒の交わり』『行為と存在』『キリスト論』『倫理』といった組織的な著作が明らかにしている独自性、一貫性、また思考の深さのゆえに、そのような注目を保持することができたであろう。さらにそれに加えて、フィンケンヴァルデ時代の『服従』と『共に生きる生活』といった広く愛読された文章も、ボンヘッファーのキリスト教神学者としての影響に疑いを挟む余地はまったくないのである。

そしてまた、ボンヘッファーが重要な神学者であるという合意は、彼が偉大なキリスト者であるという評価を低めるということはまったくないのである。実際、キリスト教的想像力におけるボンヘッファーの特有な位置は、彼が生活と思想の間を結ぶことに成功してユニークな共同生活を実現したことに反映している。多くの読者はマルティン・ドブルメイヤのすぐれた映画『ボンヘッファー』（二〇〇三年）を見たことであろう。この映画はボンヘッファーの神学者としての洞察力と彼のヒトラーへの雄々しい抵抗への過程に追ったものである。しかしほとんどの人は、この作品がボンヘッファーの生涯を追った数多くのドキュメンタリーやドラマティックな映画の中で、最近のものとしては唯一であることに注目していない。それだけでなく、多くの仕方でボンヘッファーの影響が学問の殿堂を越えて明らかにされていることを無視している。――アメリカ、ドイツ、ポーランド、イギリスでは彼の肖像を刻んだ記念碑が立ち、道路・病院・ホテルなどが彼の名をたたえて命名されており、彼の遺した業績を祝して絵画や音楽の編曲がなされ、彼の内的葛藤の頂点を演じた劇が上演され、一般の人々のための伝記が書かれ、彼が主人公として登場する歴史小説、また彼の著作の中から編集して作られた黙想集などが出版されていることを無視してよいのであろうか。また一方では、これらの著作が、ボンヘッファーの生涯と思想、その間の関係についての不変の魅力を正確さと本質において変えていることに注目しなくてよいのであろうか。

現代神学を見渡したときに、ボンヘッファー評価の他の特色は、彼に対する評価の多彩さである。疑いもなく、多くの影響力のある思想家の残した遺産は、競い合っている解釈の学派によって認めることが要求された。しかし、ボンヘッファーの場合には、競い合っている学問的分析や、神学的見地の相異を越えて、真実な意味において、私たちは今迄にはないボンヘッファーと関わっているのであると言えるであろう。(1)

どちらのボンヘッファーか

過去四〇年の間、ボンヘッファーはその時々の宗教思想の残像を通して解釈者によってさまざまに評価されてきた。一九六〇年代の一〇年間は、マルキストであるボンヘッファーは東ドイツの社会主義と同じ立場に立つ者とされ、同様に、アングロ・アメリカンの神の死の神学者のイメージに装われた無神論者ボンヘッファーが形作られることもあった。一九七〇年代には戦争反対者としてのボンヘッファーはアメリカのベトナム参戦に反対し、一九八〇年代にはボンヘッファーはラテン・アメリカの解放の神学の支配者とされたりしたのであった。また安易な敬虔者であるレーガン・ブッシュ時代には、神学的解毒剤の働きをする者とされたりした。しかしまた、同じ一〇年間の間に、ボンヘッファーはユダヤ人の友として描かれ始め、ホロコースト以後のキリスト者とユダヤ人の和解の基礎を据える神学者とされることもあった。

神学的に右派の立場に立つ人々のボンヘッファーへの反応は、初めは警戒的であった。しかし、一九九〇年代までには、多くの保守的なキリスト者たちが、ボンヘッファーは福音的価値を認めていると見なすようになった。アメリカの福音主義は広がりと多様性を持っているので、その活動の中で、ボンヘッファーが多くの役割を果たしたことは驚くには足りないであろう。ある人たちは、ボンヘッファーは無邪気なクリスチャンたちが人工中絶に反対して政府攻撃をしていることに

反対の立場を取る文化的勇者であると考えた。また他の人たちにとっては国家主義、軍国主義、帝国主義にとらわれているアメリカ的キリスト者を排斥する、「批判的愛国者」であると理解された。また福音主義者の中には、いまだにボンヘッファーを「危機にある教会」の案内人として仕える教会論的革新者とみなしているものもいる。

ボンヘッファーの人気は広がり続けて、伝統的に宗教的でない人々の間にさえ浸透している。ボンヘッファーの勇敢さを称賛しつつも、キリスト教神学の「派閥的関心」から彼を排除する人々でさえも、勇気と情熱という世界的な価値を体現したと信じるゆえに、彼に心をひかれているのである。老練な博識者たちは競い合う無数の原因の中で彼の助けを求めている。このことは特に九・一一の余波の中で明らかであると言えよう。ブッシュ政権の「テロへの戦い」において賛成・反対の両派の論議に彼は登場した。タカ派はボンヘッファーの中に先取りした軍事攻撃を正当化する立場を見、一方ハト派は彼の平和主義を強調して、やむを得ない最終手段として力に頼った姿を描き出した。

歴史上の人物で、こんなに多くの異なる事柄や異なる立場の人々に意味を与えた者はいないであろう。学者にとって、このように多い競合する解釈に自然に対応することは、真実のボンヘッファー理解を断念することになる。すなわち、彼らの正統性の量りとして、歴史のボンヘッファーより想像のボンヘッファーになってしまうのである。ボンヘッファーの声は注意深い研究者の呼び声に応答することは間違いなく真実である。しかし、普通の読者にとっては、この声を二一世紀においてボンヘッファーに対してなされる主張の混乱の中で、聞き分けることは非常に難しいことになる。

真実な姿を求めて

ボンヘッファーの生涯と遺産について一つにされた権威ある叙述がないとしても、私たちは根拠のある見解の範囲を立証することを差し控えてはならないであろう。ボンヘッファー解釈が合意を得ることはないかもしれないけれども、次のような質問をすることによって、与えられている姿の真実性の判定を始めることはできる。

第一に、彼の生涯の全体的範囲によって、ボンヘッファーが知らされているだろうか。もし焦点があまりに狭く、教会闘争のボンヘッファー、あるいはフィンケンヴァルデにおけるボンヘッファ

ー、あるいは獄中のボンヘッファーといったことのみ当てられているとすれば、彼の成熟した姿を写し取ることを失敗する危険を犯すことになる。

第二に、彼の生涯を適切な文脈でとらえているだろうか。エーバハルト・ベートゲの書いた決定版とも言えるボンヘッファー伝は、彼をドイツの社会とドイツの教会の文脈の中で見るために欠かすことのできないものである。

第三に、真実に学問的にボンヘッファーが伝えられているだろうか。英語版のディートリヒ・ボンヘッファー全集（DBWE）の出版は、彼の時代と傾向について専門家でなくても、充分に検討がなされた原文で学ぶことを可能にした。

第四に、時代を越えたボンヘッファーの思想の連続性に注意がなされているだろうか。一九五〇年代以後、この連続性の範囲をめぐってかなりの不一致が生じた。その理由の一部は、ボンヘッファーが教会的かつ政治的抵抗運動において大胆であり独自な歩みをしたことにあり、また一部には、彼の『獄中書簡集』の中に挑発的な言辞が見られるため、多くの人たちが、反ナチス抵抗運動のるつぼが、このブルジョアの将校階級の子の姿を変えてしまったと結論づけたからであった。しかし、彼の初期の書物を詳細に検討すると、特に彼の手紙・説教・学生時代の論文を調べると、一八歳以後、ボンヘッファーの基本的な神学的展望はかなり一貫して持続されていることが明らかになる。ボンヘッファーに対するいかなる見解も、この一貫性がゆがめられたとは認めていない。

　第五に、ボンヘッファーを牧師－神学者として描き出しているだろうか。多くの学者たちの見解では、ボンヘッファーの優れているところは、学問的な神学者としての訓練を牧師としての働きに従事する時にバランスよく調和させているところにある。彼はこの二つの領域を、学問を究められなかった学者として、あるいは信仰を失った牧師として融合したのではない。彼の独特な天職の道は弱さと混乱の中ではなく、力と幻の中でおもむろに進められたのである。神学への興味を失うことがなかったので、彼は大学での牧会、堅信礼教育、説教、神学生の訓練などに献身的に従事した。ボンヘッファーのどの姿も、彼の牧師と学者としての二重の使命を伝えている。

　第六に、ボンヘッファーが境界を越える傾向があったことを正しく認めているだろうか。特に第一次大戦後のドイツの同年代の人たちと比べてみれば、ボンヘッファーが文化や人種や経済の境界を越えることに対し、異常なまでの積極性を見せていたことは明らかである。彼はローマ、北ア

フリカ、バルセロナ、ニューヨーク、メキシコ、キューバなどを縦横に旅した国際的な開拓者であった。しかしまた同時に、彼は社会的な境界をも越えて、上流階級のウェストサイドとハーレム、豊かな南ベルリンのグルーネヴァルトと北東の労働者階級の地域であるプレンツラウアー・ベルクの間をたえず行き来したのである。

境界を横断して旅をする習慣とそうすることが理解に益するという観念は、ボンヘッファーの一〇代の頃に植え付けられたものである。一九二四年のイタリア旅行の日記には国民や国家に対する前理解が、実際に出会うことによって、いかに変形するかということに注意している。ボンヘッファーのアメリカの友人であるポール・レーマンも、同じ確信に立って注意を喚起している。彼は「ボンヘッファーがかの新しい環境の境界についても際限のない興味を示すことを記憶していた。……そして『彼』自身より以上に他者の見解による自分自身と世界を受け入れる度量のあることを記憶していた[2]」。

第七に、ボンヘッファーのドイツの政治的抵抗運動に加わることの決心を、彼の他の関わり合いの光の中で見ていたであろうか。ボンヘッファーがヒトラー暗殺を企てる人々と共謀したということは、彼を知る多くの人には理解し得ることであった。しかし、この決断は、彼がそれまで立っていたすべてのことを拒否することではなく、ナチス体制に対する抵抗の道の行き着く先として理解されなければならない。

ボンヘッファーは一九三三年四月にはすでに抵抗運動で活動することをほのめかしていた。「ユダヤ人問題に対する教会」という論文の中に、教会は国家という車輪の下に敷かれた人に、包帯を巻くだけでなく、その車輪自体を止めるために召される時が来るであろう、と記していた。それから一〇年後、テーゲルの牢獄で仲間の囚人から、なぜこの陰謀に参加したのかと問われたとき、彼は「牧師としてクアフュルステンダム（ベルリンの主要大通り）を酔っぱらいが猛スピードで車を運転しているのを見たら、彼の唯一なすべき重要な務めは、その酔っ払いの犠牲者を葬り、近親者たちを慰めることだと私は思わない。もっと重要なことは、その酔っ払いの手からハンドルをもぎ取ることだ[3]」と答えている。この場合、比喩的に使われているハンドルについてはさまざまな見方がある。しかし、そこにいる人を被害から守るために介入することを強調することにおいては同じである。ここに確信の連続性があることを見逃してはならない。

第八に、ボンヘッファーの不十分なところを過大視したり、過小評価していないだろうか。ナチスの時代には、ごく少数のキリスト者の英雄しかいなかったので、ボンヘッファーはしばしば、二〇世紀のプロテスタントの聖人扱いをされることがある。たとえば、彼を思想においても、行動においても反ユダヤ主義に勝利したキリスト者として描き出されることが一般化している。このことに関しては、私たちは多くのことを彼から学ぶべきである。しかし、そのために彼に空想的後光を射してしまうことがある。すなわち、この時代の信仰交流の関心は、欠点を持つ人間をも、宗教的な聖像（イコン）にしてしまうことを許すことがあるのである。

第九に、ボンヘッファーの生涯と思想を現代の用語に翻訳してしまって、彼を「私たちの一人」にしようとしてはいないだろうか。私たちはボンヘッファーに向き合うとき、明らかに彼がどんな人であったかということだけでなく、彼は私たちのためにどうなったかを知りたいと思っている。しかもこの自然な関心は、私たち自身の関心が投影するもの以上に、少しく装った彼の姿を立ち上がらせることになる。特にボンヘッファーの道徳的権威が、人工中絶とか暴力といった熱く議論が闘わされている争点の議論に利用されて、彼の遺産の無批判的盗用の危険を犯すのである。

ラディカルなキリスト教への招き

真正なボンヘッファーの輪郭を打ち出そうと願って、これらの疑問を提示することによって、私たち自身がもっていたものより少し広がった彼の像を明らかにすることができた。疑いもなく、ボンヘッファーの今日的意味は、ナチスの迫害の厳しい試練の中で彼が受けたキリスト者の服従の妥協のない姿と結びつくであろう。もしボンヘッファーが、キリストへの服従を、彼が『倫理』の中で、「個人の徳の聖堂」(4)と呼んだものに閉じ込めたとすれば、彼は比較的安全な生活を楽しむことができたに違いない。たとえ彼が自分の抵抗運動を教会政治の領域に限定したとすれば、彼はたぶん政府の迫害を避けることができたであろう。しかしナチスが勢力を持つに至る以前から、ボンヘッファーは、キリストに従うということは、世界の中で、また世界のために苦しむことを要求するのだということを理解していた。一九三二年に、彼は「たとえ、私たちの教会が殉教の血を流すような時が再び来たとしても、私たちは驚くべきではない(5)」と説教していた。

このように、ボンヘッファーは死刑執行を受けるかなり前から、自分の服従の道は殉教の死によって終わりを告げると見ていた。究極的な試練の瞬間に、強く堂々としたままでいることが、私たちが英雄に感じる魅力であるから、ボンヘッファーの血が流されるに先立って起きた多くの個人的犠牲を容易に忘れてしまいがちである。とりわけ、彼が放棄することを余儀なくされたのは彼の

専門家としての前途であった。一九三三年以前には、有望な学者の生涯が約束されていたが、一九三三年以降は、この約束は、彼が決断を下すたびにしぼんでいったのである。ベルリンの大学私講師からロンドンの亡命者社会での牧師、非合法な神学校での所長、ポメラニアの田舎での副牧師に至るまで、ボンヘッファーが、彼の若者としての大志と賜物を持って踏み込んで行ったのは、深い謙遜の道であった。実際、私たちはボンヘッファーの生涯の中に、中心から社会の周辺への動きを見ることができる。それは恵まれた生の軌道が私たちの予測するのとは反対の方向に向けられたことを知るのである。共同謀議に加わることによって、ボンヘッファーはさらに深く薄暗がりの中にすべり込み、「命令、称賛、一般的見解を支持すること」を放棄して、ナチスにすべてを売り渡したと見せられる人々の間で、彼の評価は失われていった。(6)

苦難の道を歩むことによって、ボンヘッファーが求められた他の犠牲は、常住する家を失ったことであった。一九三七年、牧師補たちのためのフィンケンヴァルデ研修所を離れたとき、私たちの誰もが、生きるためには欠かすことのできないものと見なしている安全な住み家を彼は失った。一九三九年、アメリカに避難することを勧められたとき、ボンヘッファーはドイツに戻り、兄弟たちと共に迫りくる危機に耐えることを決心した。ボンヘッファーにとっては、そのままアメリカに留まり、学者の道を追い、家庭を持ち、老いていくという道を選ぶ誤ちを犯すことは困難であった。それは道徳的には弁解し得るとしても、そこへとキリスト者は召されていると彼が信じていた犠牲を回避する道であった。ボンヘッファーが説くように、服従とは、人生の最後の場面においてのみではなく、人間の生と死を成立させている多くの機会において、信仰的であることによって明確にされるのである。

ボンヘッファーはかつて、自分の生涯を「遊牧民的」であり、自分自身を、「普段はその人の『階級』と『年齢』に従ってついてくるすべての権利をもって安定した生活」[7]を夢見る「寄留者」として描いていた。これらはボンヘッファーの非国教派の生、つまり国家が支配する教会に身を委ねることを拒否した者の身体的・心理的な代価であった。彼はこの国家教会に抵抗することが、普通に牧会を楽しみ、牧師館・給与・年金などを不可能にすることを充分に知りながら、あえてそれを身に担ったのである。これらの脅しは、多くの仲間の「告白教会の人」をおびえ上がらせる効果を果たした。そして彼らを国家の社会主義政府への忠誠を誓わせたり、国民教会から公認を求めさせることになったのである。

エーバハルト・ベートゲが結論づけているように、ボンヘッファーが、ドイツ・キリスト者たち

の「国民の教会」の民族主義者たちによって提供されていた牧師としての特権を拒否し始めるとともに、ボンヘッファーの生涯は、「キリスト教宗教の危険なまでに特権化された性質に打ち勝つための絶えざる戦いとなった。それは神学を学ぶ決心、教えることから牧会的な働きへと移行し、そしてヒトラーに対する共同謀議に参加することにおいて、『同時代人になる』ことにおいてなされたのである」。[8]「キリスト教文化」において、キリスト者であることに伴って生じる特権を自由に、徹底的に放棄する一人の人間として、ボンヘッファーは徹底した挑戦を私たちに提示しているのである。

教師としてのボンヘッファー

ボンヘッファーの遺産についての最後の章において、しばしば見逃されてきた彼の性格の一面、すなわち彼が教えるということに賜物を与えられており、またそのことを望んでいたということに注目したい。大学私講師としての短い歩みであったにもかかわらず、ボンヘッファーが影響力のある教育者に備わっていた資質を持っていた多くの証しを残している。この資質は、バルセロナの日曜学校で情熱的に打ち込んだ仕事の中や、ベルリンの悪がきの堅信礼志願者たちに成功したことや、大学生たちと独特な仕方で関係を深めたこと、フィンケンヴァルデで学んだ牧師補たちに強力な感化を与えたことなどによって証明されている。

ボンヘッファーの若者たちへの学問を越えたレベルで結びついていく能力は、ほとんどのドイツ人学生たちにとって、いまだ経験したことのないものであった。この能力の背後にあったものは、一体何であったのか。彼の友人フランツ・ヒルデブラントが語るように、彼は「生まれながらの教育者」であったのだろうか。バルセロナにおける彼の指導教師が見たように、彼の「若者への親切さ」のなせる業なのであろうか。彼は「父親と牧師と隣人」の役割を併せ持っていたのであろうか。彼の人柄——すなわち彼の心の温かさと話している人に目線を完全に向けるということによるのであろうか。「学者としての資質と牧会者としての熱情とがボンヘッファーにおいて一つにな

っていた」からであろうか。この結合をラインホールド・ニーバー(9)は、「高度な神学と純粋な敬虔さ」と表現している。

あるいは、それは技術や人柄や敬虔さ以上に、より深いものであったのかもしれない。すなわち、稀にみる魅力的な言葉と行動の一致であった。フィンケンヴァルデの兄弟の家の住人であったアルブレヒト・シェーンヘルは「それは一つの生であり、若者が憧れる一つの模範であった」と書いている。「ボンヘッファーは現代の人間と切り離されてはいない。……彼は考えたことを喜んで実行に移したのである」(10)。生活と思想、省察、行動、信仰と服従の独特の結合が、ボンヘッファーを知る人々に深い影響を与えた。そして今もなお、私たちの多くに影響を与え続けている。

注

第1章

（1）Eberhard Bethge, *Dietrich Bonhoeffer: A Biography*, rev. and ed. Victoria J. Barnett (Minneapolis: Fortress Press, 2000), 36.

（2）Dietrich Bonhoeffer, *The Young Bonhoeffer, 1918-1927*, vol. 9 of Dietrich Bonhoeffer Works (Minneapolis: Fortress Press, 2003), 113.　以降本書はＤＢＷＥと表記する。

（3）*DBWE* 6:177.

（4）Bethge, *Dietrich Bonhoeffer*, 70.

（5）Dietrich Bonhoeffer, *Barcelona, Berlin, New York, 1928-1931*, vol. 10 of Dietrich Bonhoeffer Works (Minneapolis: Fortress Press, 2008), 205.

（6）Karl Barth, *The Word of God and the Word of Man* (New York: Harper Torchbook, 1957), 196.

（7）*DBWE* 10:353.

（8）ボンヘッファーとバルトの関係についての徹底した論議のためには次の書が参考になる。Andreas Pangritz, *Karl Barth in the Theology of Dietrich Bonhoeffer* (Grand Rapids: Wm. B. Eerdmans, 2000).

（9）Bethge, *Dietrich Bonhoeffer*, 182.

（10）Dietrich Bonhoeffer, *London, 1933-1935*, vol. 13 of Dietrich Bonhoeffer Works（Minneapolis: Fortress Press, 2007）, 39.

（11）*DBWE* 10:196-97.

（12）Bethge, *Dietrich Bonhoeffer*, 75.

（13）Ibid., 100.

（14）*DBWE* 10:172.

（15）Bethge, *Dietrich Bonhoeffer*, 106.

（16）Ibid., 111.

（17）*DBWE* 10:358.

（18）*DBWE* 10:233.

（19）*DBWE* 10:201.

（20）*DBWE* 10:265-66.

（21）Bethge, *Dietrich Bonhoeffer*, 158.

（22）*DBWE* 10:269.

（23）これが一九四六年に書かれたラインホールド・ニーバーの見解である。Bethge, *Dietrich Bonhoeffer*, 165.

（24）Ibid., 174.

（25）Ibid., 204-5.

(26) Clifford Green, *Bonhoeffer: A Theology of Sociality* (Grand Rapids: Wm. B. Eerdmans, 1999) を参照。
(27) Bethge, *Dietrich Bonhoeffer*, 173.
(28) Ibid., 211.
(29) Ibid., 226.
(30) Ibid., 188, 209; *DBWE* 10:372.
(31) Bethge, *Dietrich Bonhoeffer*, 252.
(32) Ibid., 315.
(33) Ibid., 167, 258.
(34) Ibid., 260.
(35) Dietrich Bonhoeffer, "The Church and the Jewish Question," in *No Rusty Swords: Letters, Lectures and Notes 1928–1936*, vol. 1 of *The Collected Works of Dietrich Bonhoeffer*, ed. Edwin H. Robertson (New York: Harper & Row, 1965), 225.
(36) Bethge, *Dietrich Bonhoeffer*, 302.
(37) *No Rusty Swords*, 242 に引用されている。
(38) Franz Hildebrandt, "An Oasis of Freedom," in *I Knew Dietrich Bonhoeffer*, ed. Wolf-Dieter Zimmerman and Ronald Gregor Smith (New York: Harper & Row, 1966), 39.
(39) *DBWE* 13:23.
(40) *DBWE* 13:104ff.

(41) *DBWE* 13:127.
(42) *DBWE* 13:103.
(43) *DBWE* 13:56.
(44) *DBWE* 13:192.
(45) Bethge, *Dietrich Bonhoeffer*, 395.
(46) Ibid., 388.
(47) *No Rusty Swords*, 290-1.
(48) Bethge, *Dietrich Bonhoeffer*, 389.
(49) *DBWE* 13:152.
(50) *DBWE* 13:225, 229.
(51) *DBWE* 13:285.
(52) Bethge, *Dietrich Bonhoeffer*, 466.
(53) Ibid., 512.
(54) Ibid., 520.
(55) Ibid., 497.
(56) Ibid., 584.
(57) Ibid., 603.
(58) Ibid., 616.
(59) Wolfgang Gerlach, *"And the Witnesses Were Silent": The Confessing Church and the Persecu-*

tion of the Jews（Lincoln: University of Nebraska Press, 2000）.

（60）Bethge, *Dietrich Bonhoeffer*, 637.

（61）Larry L. Rasmussen, in *Dietrich Bonhoeffer: Reality and Resistance*（1972; repr. Louisville, KY: Westminster John Knox Press, 2005）は、抵抗運動におけるボンヘッファーの「暫定的平和主義」「良心的兵役拒否の選択」そして「苦悩しつつの参加」について論じている。本書は「戦争」と「平和」という課題に対するボンヘッファーの姿勢について最もすぐれた分析を行っている。

（62）Bethge, *Dietrich Bonhoeffer*, 655.

（63）Dietrich Bonhoeffer, *Conspiracy and Imprisonment, 1940–1945*, vol. 16 of Dietrich Bonhoeffer Works（Minneapolis: Fortress Press, 2006）, 63.

（64）*DBWE* 16:71.

（65）*DBWE* 16:181.

（66）*DBWE* 16:75.

（67）*DBWE* 16:407.

（68）Bethge, *Dietrich Bonhoeffer*, 737.

（69）Ibid., 837.

（70）*DBWE* 16:424, 453.

（71）Bethge, *Dietrich Bonhoeffer*, 820.

（72）*DBWE* 16:604.

（73）*DBWE* 16:436.

(74) Bethge, *Dietrich Bonhoeffer*, 826.

(75) Ibid., 851.

(76) Edwin Robertson, ed., *Voices in the Night: The Prison Poems of Dietrich Bonhoeffer* (Grand Rapids: Zondervan, 1999), 45-46.

(77) Ibid., 73.

(78) Ibid., 123.

(79) Fabian von Schlabrendorff, "In Prison with Dietrich Bonhoeffer," in Zimmerman and Smith, *I Knew Dietrich Bonhoeffer*, 230.

(80) Bethge, *Dietrich Bonhoeffer*, 920 に引用されている。

(81) G. K. A. Bell, Bishop of Chichester, "The Church and the Resistance Movement," in Zimmerman and Smith, *I Knew Dietrich Bonhoeffer*, 209–10.

(82) Bethge, *Dietrich Bonhoeffer*, 928 に引用されている。

第2章

(1) Dietrich Bonhoeffer, *Sanctorum Communio: A Theological Study of the Sociology of the Church*, vol. 1 of Dietrich Bonhoeffer Works (Minneapolis: Fortress Press, 1998), 21.

(2) *DBWE* 1:52.

(3) Ibid.

(4) *DBWE* 1:49.

(5) Ibid. 訳は少し変えている。

(6) Dietrich Bonhoeffer et al., *Life Together and Prayerbook of the Bible*, vol. 5 of Dietrich Bonhoeffer Works (Minneapolis: Fortress Press, 1996), 38.

(7) *DBWE* 5:56.

(8) Clifford Green, *Bonhoeffer: A Theology of Sociality* (Grand Rapids: Wm. B. Eerdmans, 1999), 37.

(9) Charles Marsh, *Reclaiming Dietrich Bonhoeffer: The Promise of His Theology* (New York: Oxford University Press, 1994), 93.

(10) Ibid., 8.

(11) David H. Jensen, *In the Company of Other: A Dialogical Christology* (Cleveland: Pilgrim Press, 2001), 143.

(12) Bonhoeffer, *Letters and Papers from Prison*, 13-4.

第3章

(1) Dietrich Bonhoeffer, *Discipleship*, vol. 4 of Dietrich Bonhoeffer Works (Minneapolis: Fortress Press, 2001), 45.

(2) Geffrey B. Kelly and John D. Godsey, "Editors' Introduction to the English Edition," in Bonhoeffer, *Discipleship*, 6.

(3) *DBWE* 4:45.

（4）*DBWE* 4:44.

（5）*DBWE* 4:53.

（6）Ibid.

（7）*DBWE* 4:49.

第4章

（1）Rasmussen, *Dietrich Bonhoeffer*, 39.

（2）Green, editor's introduction to *Ethics*, vol. 6 of Dietrich Bonhoeffer Works（Minneapolis: Fortress Press, 2004）, 6.

（3）Dietrich Bonhoeffer, *Christ the Center*（New York: Harper & Row, 1966）, 62.

（4）Bonhoeffer, *Letters and Papers from Prison*, 5.

（5）Bonhoeffer, Journey Films, 2003 に引用されている。

（6）*DBWE* 6:93.

（7）*DBWE* 6:94-6.

（8）Bonhoeffer, *Letters and Papers from Prison*, 6.

（9）*DBWE* 6:58

（10）*DBWE* 6:133.

第5章

（1）Bonhoeffer, *Letters and Papers from Prison*, 280.

（2）Ibid., 279.

（3）Ibid. Ralf K. Wüstenberg, *A Theology of Life: Dietrich Bonhoeffer's Religionless Christianity* (Grand Rapids: Wm. B. Eerdmans, 1998). ボンヘッファーの宗教の概念についての疑問を取り上げている。

（4）Bonhoeffer, *Letters and Papers from Prison*, 281-2.

（5）Ibid., 282.

（6）Ibid.

（7）Ibid., 312; 強調が増している。

（8）Ibid., 325.

（9）Ibid., 360.

（10）Ibid., 361.

（11）Ibid., 361-2.

（12）Ibid., 369.

（13）Ibid.

（14）Ibid.

（15）Ibid.

（16）Ibid., 369-70.

(17) Ibid., 370.
(18) Ibid., 362.
(19) Geffrey B. Kelly and F. Burton Nelson, *A Testament to Freedom: The Essential Writings of Dietrich Bonhoeffer* (San Francisco: Harper One, 1995), 495.
(20) Robertson, *Voices in the Night*, 53.
(21) Ibid., 369.
(22) John Matthews, *Anxious Souls Will Ask* (Grand Rapids: Wm. B. Eerdmans, 2006), 18.
(23) Ibid.
(24) Bonhoeffer, *Letters and Papers from Prison*, 279.
(25) Matthews, *Anxious Souls Will Ask*, 18.
(26) Bonhoeffer, *Letters and Papers from Prison*, 280.
(27) Ibid., 381; 強調が増している。
(28) Kelly and Nelson, *A Testament to Freedom*, 494-5.
(29) Bonhoeffer, *Letters and Papers from Prison*, 382.
(30) Ibid., 強調が増している。
(31) Ibid., 369.
(32) Ibid.

第6章

（1）Stephen R. Haynes, *The Bonhoeffer Phenomenon: Portraits of a Protestant Saint* (Minneapolis: Fortress Press, 2004).

（2）Bethge, *Dietrich Bonhoeffer*, 155-6 に引用されている。

（3）Otto Dudzus, "Arresting the Wheel," in Zummerman and Smith, *I Knew Dietrich Bonhoeffer*, 82.

（4）*DBWE* 6:80.

（5）一九三二年六月ベルリンのカイザー・ウィルヘルム記念教会で行なわれた説教。Bethge, *Dietrich Bonhoeffer*, 236. を参照。

（6）Ibid., 794.

（7）Ibid., 594.

（8）Ibid., 620, 876.

（9）Hildebrandt, "An Oasis of Freedom," 40; Fritz Olbricht, "Report of Pastor F. Olbricht in Barcelona on Vicar Dr. Dietrich Bonhoeffer," *DBWE* 10:172; Hans-Werner Jensen, "Life Together," in *I Knew Dietrich Bonhoeffer*, 152; Sabine Leibholz, "Childhood and Home," *I Knew Dietrich Bonhoeffer*, 33; Wilhelm Ott, "Something Always Occurred to Him," in *I Knew Dietrich Bonhoeffer*, 132; and Reinhold Niebuhr, "To America and Back," in *I Knew Dietrich Bonhoeffer*, 165.

（10）Albrecht Schönherr, "The Single-Heartedness of the Provoked," in *I Knew Dietrich Bonhoeffer*, 126-8.

参考文献案内（日本語文献は訳者が編纂）

1　英語文献

Bethge, Eberhard. *Dietrich Bonhoeffer: A Biography*. Revised and edited by Victoria J. Barnett. Phikadelphia: Fortress Press, 2000.

Bethge, Renate, and Christian Gremmels, eds. *Bonhoeffer: A Life in Pictures*. Minneapolis: Fortress Press, 2006.

Bonhoeffer, Dietrich. *Dietrich Bonhoeffer Works*, 17 vols. Edited by Victoria Barnett. Minneapolis: Fortress Press, 1996-2006.

De Gruchy, John, ed. *The Cambridge Companion to Dietrich Bonhoeffer*. Cambridge Companion to Religion. Cambridge: Cambridge University Press, 1999.

Green, Clifford J. *Bonhoeffer: A Theology of Sociality*. Grand Rapids: Wm. B. Eerdmans, 1999.

Haynes, Stephen R. *The Bonhoeffer Phenomenon: Portraits of a Protestant Saint*. Minneapolis: Fortress Press, 2004.

Kelly, Geffrey B., and F. Burton Nelson, eds. *A Testament to Freedom: The Essential Writings of*

Dietrich Bonhoeffer. San Francisco: Harper One, 1995.

Matthews, John. *Anxious Souls Will Ask*. Grand Rapids: Wm. B. Eerdmans, 2006.

Pugh, Jeffrey. *Religionless Christianity: Dietrich Bonhoeffer in Troubled Times*. New York: T&T Clark, 2008.

Rasmussen, Larry L. *Dietrich Bonhoeffer: Reality and Resistance*. 1972; repr. Louisville, KY: Westminster John Knox Press, 2005.

Schliesser, Christine. *Everyone Who Acts Responsibly Becomes Guilty: Bonhoeffer's Concept of Accepting Guilt*. Louisville, KY: Westminster John Knox Press, 2008.

Wind, Renate. *A Spoke in the Wheel: The Life of Dietrich Bonhoeffer*. London: SCM Press. 1991.

Wüstenberg, Ralf K. *A Theology of Life: Dietrich Bonhoeffer's Religionless Christianity*. Grand Rapids: Wm. B. Eerdmans, 1998.

2　日本語文献

伝記

E・ベートゲ『ボンヘッファー伝』村上伸・雨宮栄一・森野善右衛門訳、全四巻、新教出版社、一九七三―一九七四年。

E・ベートゲ『ディートリヒ・ボンヘッファー』宮田光雄・山崎和明訳、新教出版社、一九九二年。

E・ベートゲ『ボンヘッファーの生涯――写真と著作による評伝』高橋祐次郎訳、新教出版社、一九九二年。

森平太『服従と抵抗への道――ボンヘッファーの生涯』新教出版社、一九六四年。

村上伸『ボンヘッファー』清水書院、一九九一年。

村上伸『ボンヘッファー紀行――その足跡をたずねて』新教出版社、二〇一二年。

村上伸『ディートリッヒ・ボンヘッファー――ヒトラーとたたかった牧師』日本基督教団出版局、二〇一一年。

ボンヘッファーの著作

『ボンヘッファー選集1　聖徒の交わり』大宮溥訳、新教出版社、一九六三年。

『ボンヘッファー選集2　行為と存在』国谷純一郎訳、新教出版社、一九六五年。

『ボンヘッファー選集3　キリストに従う』森平太訳、新教出版社、一九六六年。

『ボンヘッファー選集4　現代キリスト教倫理』森野善右衛門訳、新教出版社、一九六六年。

『ボンヘッファー選集5　抵抗と信従』倉松功・森平太訳、新教出版社、一九六四年。

『ボンヘッファー選集6　告白教会と世界教会』森野善右衛門訳、新教出版社、一九六八年。

『ボンヘッファー選集7　キリスト論』村上伸訳、新教出版社、一九六六年。

『ボンヘッファー選集8　説教』大崎節郎訳、新教出版社、一九六四年。

『ボンヘッファー選集9　聖書研究』生原優・堀光男・畑祐喜訳、新教出版社、一九六五年。

『ボンヘッファー説教全集1　一九二五―一九三〇年』畑祐喜・森平太訳、新教出版社、二〇〇四年。

『ボンヘッファー説教全集2　一九三一―一九三五年』大塚節郎・奥田知志・畑祐喜訳、新教出版社、二〇〇四年。

『ボンヘッファー説教全集3　一九三五―一九四四年』浅見一見・大塚節郎・佐藤司郎・生原優訳、新教出版社、二〇〇四年。

『ボンヘッファー聖書研究　旧約編』生原優・畑祐喜・村上伸訳、新教出版社、二〇〇五年。

『ボンヘッファー聖書研究　新約編』浅見一見・大塚節郎・長谷川晴子・畑祐喜・堀光男・村上伸・森野善右衛門・森平太訳、新教出版社、二〇〇六年。

『ボンヘッファー獄中書簡集――「抵抗と信従」増補新版』E・ベートゲ編、村上伸訳、新教出版社、一九八八年。

『改訳新版　共に生きる生活』森野善右衛門訳、新教出版社、二〇〇四年。

『教会の本質』森野善右衛門訳、新教出版社、一九七六年。

『説教と牧会』森野善右衛門訳、新教出版社、一九七五年。

『現代信仰問答』森野善右衛門訳、新教出版社、一九六一年。

『ボンヘッファー／マリーア――婚約者との往復書簡　一九四三―九一四五』U・カービッツ他編、高橋祐次郎・三浦安子訳、新教出版社、一九九六年。

『主のよき力に守られて――ボンヘッファー一日一章』村椿嘉信訳、新教出版社、一九八六年。

『信じつつ祈りつつ――ボンヘッファー短章三六六日』小池創造訳、新教出版社、一九九九年。

ボンヘッファー研究

E・ベートゲ『ボンヘッファーの世界――その本質と展開』日本ボンヘッファー研究会編訳、新教出版社、一九八一年。

E・ファイル『ボンヘッファーの神学――解釈・キリスト論・この世理解』日本ボンヘッファー研究会訳、新教出版社、二〇〇一年。

宮田光雄『ボンヘッファーとその時代――神学的・政治学的考察』新教出版社、二〇〇七年。

鈴木正三『キリストの現実に生きて――ナチズムと戦い抜いたボンヘッファー神学の全体像』新教出版社、二〇〇六年。

森野善右衛門『告白と抵抗――ボンヘッファーの十字架の神学』新教出版社、二〇〇五年。

森野善右衛門『ディートリッヒ・ボンヘッファー――キリスト・教会・世界』福音企画印刷、二〇〇四年。

M・クスケ『この世的に生きるキリスト者――ボンヘッファーの幻』日本ボンヘッファー研究会訳、新教出版社、一九九〇年。

訳者あとがき

第二次世界大戦以後の日本のキリスト教世界において、ディートリヒ・ボンヘッファーほど、その名や、語った印象的なことばや、衝撃的な行動が、話題になった人物はいないのではないでしょうか。他国に先駆けて『ボンヘッファー選集』全九巻が出版され、教会の講壇から、キリスト教学校の教壇から、ボンヘッファーが語られました。各地の講演会、研究会、修養会、読書会などで、彼の著作や活動が取り上げられ、話題になりました。

「今、この時代と場において、キリスト者であるということは、何を意味するのか」というボンヘッファーが生涯をかけて問い続けた問いは、またわたしたちの問いでもありました。彼の与えた影響は深く広いものがあり、キリスト教世界の外にも及んで行きました。「日本ボンヘッファー研究会」が結成され、彼の生涯と思想を追求する努力が地道に、今も続けられています。二〇一三年一〇月一一日と一二日には、韓国、中国、香港、台湾、さらにドイツからも参加者を迎えて、東アジア・ボンヘッファー学会が東京で開かれ、実り豊かな会となり、京都でも講演会が行われました。これからも、日本のキリスト教界は、ボンヘッファーから学ぶべきものが多くあると思います。

すでにボンヘッファーについては、多くの書物や研究論文が発表され、原書や翻訳書がなくても、日本語だけで充分彼のことを知りうるほどになってきていると言えます。ですから本書の翻訳依頼があったとき、このような小さな書物を、今更、翻訳出版することに意味があるのだろうかという思いがいたしました。しかし、手に取って見て、その冒頭のことばを読んだ時、何か新しい視点、意図がそこにあることを直観的に感じたので、引き受けることにいたしました。

著者のS・R・ヘインズは、エモリー大学で博士号を取得、現在はテネシー州メンフィスにあるローズカレッジの教授を務めています。ホロコーストや人種差別問題、文学など幅広く講義を受け持つほか、ユダヤ人とキリスト教の関係、またボンヘッファーの神学についての研究者として知られています。米国国立ホロコースト記念博物館の委員会での働きも注目に値します。著書に、*The Bonhoeffer Phenomenon: Portraits of a Protestant Saint*（Fortress Press, 2004）、*The Bonhoeffer Legacy: Post-holocaust Perspectives*（Fortress Press, 2006）などがあります。

また、L・B・ヘイルは、ヴァージニア大学で博士号を取得、現在はアウグスブルク大学准教授であり、将来を期待されている研究者です。*Bonhoeffer, Christ and Culture*（InterVarsity Press, 2013）に、"Bonhoeffer's Christological Take on Vocation"を寄稿しています。

S・R・ヘインズとL・B・ヘイルは、本書を次のようなことばで始めています。

ボンヘッファーについて、今までに出版された詳細な伝記の多くは、彼の生涯の終わりから始められている。ボンヘッファーの生涯の意味は、反ナチス抵抗運動、投獄、死刑から振り返ることなしには、正しく理解され得ないということを示唆しているからだと思われる。しかし、私は本書では、ボンヘッファーの生涯を、その初めから終わりに至るまで、いわばその生きたさまを跡付けるかたちで叙述することを試みたい。ボンヘッファーの人生は、「世界大戦」「ファシズム」あるいは「民族大虐殺」といったような言葉が、まだヨーロッパの人々の口にのぼり始める以前の、どちらかと言えば、牧歌的な時代に始まっているのである。

著者たちの持つ新しさとは、一言で言えば、ボンヘッファーと少し距離を置いたかたちで、冷静に、彼の思想と行動を伝えようとしていることにあると思われます。時にはボンヘッファーに対し批判的とも聞こえる叙述もあり、そこに新しい問題点を見せられ、考えさせられる思いがいたします。

著者の持つ意図や視点が、つたない訳で充分に伝えられたかどうかを怖れますが、一つの新しい主張を持つ、ユニークなボンヘッファーの入門書として、本書が広く読まれればこれに勝る喜びはありません。

わたしが、ボンヘッファーと出会うという経験をしたのは、もう五〇年も前のことになります。一九六二年から六四年にかけて、ニューヨークのユニオン神学大学に留学する機会を与えられました。この年ユニオン神学大学は、スコットランドのグラスゴー大学から、ハイデッガーの『存在と時間』の英訳を完成して注目をあびていたジョン・マッコーリー教授とハーバード大学からアメリカのキリスト教倫理学者として著名な、ポール・レーマン教授を迎え、新風が吹き込まれた感がありました。わたしはマッコーリー教授を指導教授として研究することになったのですが、プリンストン大学―ハーバード大学―ユニオン神学大学というコースを歩んできたレーマン教授の講義を是非聞きたいと願いました。しかし彼の講義とわたしの取らねばならない講義が重なり、わずかに可能性があったのは、レーマン教授が開くボンヘッファーについてのセミナーだけでした。当時、日本ではすでにボンヘッファーへの関心は一部では広がっていましたが、わたしはその名前を聞いたことがある、という程度でした。いきなりセミナーに入るということには躊躇があったのですが、レーマンに触れたいという気持ちを抑えがたく、直接お会いして、気持ちを伝えると、先生が喜んで迎えましょうと言ってくださったので、ボンヘッファーの書物を読んだこともない者が、「ボンヘッファー・セミナー」にもぐり込むことになったのでした。

マンハッタンのブロードウェーに面して、ユニオン神学大学の正面玄関があります。入ってすぐ右に折れると、神学書が揃っていることでは世界一と言われたブックストアがあるのですが、そこへの通路の真中あたりにドアがあり、そこに窓のない、小さい薄暗い教室があり、そこがセミナーの場でした。最初の日、二〇人ばかりの出席者を前に、レーマン教授は、わたしはかつてこの部屋で、ボンヘッファーと机を並べて学んだことがあると言ったきり、言葉をつまらせてしまったのです。高まる感情を必死に抑えるレーマン教授の姿に、わたしは深い感動を覚えました。そしてレーマンのような高名な学者が、これほどまでに思うボンヘッファーとは、どんな人だったのであろうか、彼と正面から取り組んでみたいと思ったのが、わたしにとってのボンヘッファーとの出会いでした。

セミナーではボンヘッファーの著作を分担して発表することになったのですが、レーマン教授は真先に、獄中書簡をわたしに担当するよう指名されました。英語圏以外からの参加者は、わたし一人でしたから、そこには教授の温かい配慮があったのだと思います。しかし、こうしてボンヘッファーの獄中書簡と取り組むことになったのは、不思議な導きであったと、今も深く感謝しています。

語ることも、書くことも禁じられ、苛酷な強制収容所の中で、この若き有能な神学者でありキリスト者であるボンヘッファーが、両親や友人ベートゲなどに書き送った手紙の中には、断片的であることは否めないとしても、彼の今までの思索が凝縮された形で横たわっていました。彼独特の短く表現された珠玉のことばがちらばっていました。そしてそこには、すべての活動の自由を奪われた中で、静かに沈潜した思想が語られており、そして何よりその逆境を生きぬいたボンヘッファーの素朴でゆるぎない信仰の息吹きに接することばがありました。なかでも「私は何者なのか」という詩に出会った時の驚きは、今も鮮明に覚えています。獄中書簡全体に漂う明るさと確信に、それ以後、幾度となく励まされ支えられる経験をいたしました。

一九四五年四月九日の早朝、フロッセンビュルクで、ボンヘッファーは三九歳の生涯を終えたのですが、その前日は日曜日でした。囚人たちと礼拝を守り、心にしみ入るメッセージを語った直後に、彼は看守から同行を求められました。しかしその時、ボンヘッファーはかたわらにいた友人に、「これが最後です。しかしわたしにとっては新しい生命のはじまりです」と語って、静かに去って行ったと伝えられています。

今、時代は大きく変わろうとしています。平和が危機に瀕しています。日本では、憲法九条の精神がゆらいでいます。ボンヘッファーの死から七〇年を迎えようとしている今、あらためて彼に聞くことが求められているのではないでしょうか。

本訳書の出版については、教文館の渡部満社長、また出版のための実務を担当してくださった髙木誠一様、福永花菜様に心より御礼申し上げます。

二〇一四年九月八日

船本弘毅

索引

あ行

か行

さ行

た行

な行

は行

ま行

や行

ら行

わ行

《訳者紹介》

船本弘毅（ふなもと・ひろき）

1934年静岡県生まれ。1959年関西学院大学大学院神学研究科修了。1962―64年米国ニューヨーク、ユニオン神学大学大学院に留学。1973―74年スコットランド、セントアンドリュース大学大学院博士課程に留学、1982年同大より博士号学位受領。関西学院大学教授、同宗教総主事、南メソジスト大学客員教授、東京女子大学学長などを歴任。現在、関西学院大学名誉教授。

著書　『キリスト教と現代』『聖書の読み方』『聖書の世界――旧約を読む』『聖書の世界――新約を読む』『教育の大きな忘れもの』『人を生かすキリスト教教育』『イエスの譬話』『水平から垂直へ――今を生きるわたしたちと聖書』など。

その他訳書、編著書、監修書など多数。

はじめてのボンヘッファー

2015年1月31日　初版発行

訳　者　船本弘毅

発行者　渡部　満

発行所　株式会社　教文館

〒104-0061　東京都中央区銀座4-5-1　電話03(3561)5549　FAX03(5250)5107

URL　http://www.kyobunkwan.co.jp/publishing/

印刷所　モリモト印刷株式会社

配給元　日キ販　〒162-0814　東京都新宿区新小川町9-1

電話03(3260)5670　FAX03(3260)5637

ISBN978-4-7642-6713-8　　Printed in Japan
